Le guide
IRIS
INTERNET

Ras le bol du surf !

Le guide IRIS INTERNET

Ras le bol du surf !

André Bélanger
Marc-André Paiement

ÉDITIONS DU TRÉCARRÉ

Données de catalogage avant publication (Canada)

Paiement, Marc-André, 1961-

Le guide Iris Internet : ras le bol du surf

Comprend un index.

ISBN 2-89249-625-X

1. Internet – Répertoires. 2. Information électronique –
Répertoires. I. Bélanger, André, 1962- . II. Titre.

TK5105.875.I57P34 1996   025.04'025   C96-940704-1

Révision linguistique : Andrée Quiviger
Conception de la couverture : Claude Marc Bourget
Mise en pages : Caractéra inc.

© Éditions du Trécarré, 1996

ISBN 2-89249-625-X

Dépôt légal – Bibliothèque nationale du Québec, 1996

Imprimé au Canada

Éditions du Trécarré
Saint-Laurent (Québec), Canada

Table des matières

Introduction

Un carnet de 620 adresses...

Rien ne sert de surfer, il faut partir à point !

Les 620 adresses du **Furet 1.0** ont été choisies parce qu'elles sont originales, utiles, mises à jour et riches en contenu. Elles sont classées en **75 grandes catégories** auxquelles on accède depuis la page sommaire.

Le carnet d'adresses électronique du Furet, qui intègre aussi tous les textes d'introduction à l'Internet, vous est livré sur la disquette jointe. Il peut être installé sur les ordinateurs compatibles Macintosh et Windows. Pour l'installation, voyez les instructions à l'annexe, page 201.

Pour chaque sujet, vous retrouvez une sélection des meilleurs **répertoires** d'adresses et des meilleures **ressources**, accompagnées d'une fiche descriptive. De ce nombre, **le tiers est en français** ou, à tout le moins, bilingue.

Tous les sites sélectionnés par le Furet répondent aux **trois critères** suivants :

- **Riches en contenu** : Trop souvent, des sites qui promettent monts et merveilles ne sont rien de plus que des coquilles vides. Ceux-là n'apparaissent pas dans le Furet. En revanche, nous avons privilégié des **sites carrefours** pour tous les domaines d'intérêt. Mieux que les moteurs de recherche par mot clé ou les répertoires généraux, ces guides spécialisés procurent un accès efficace à pratiquement toutes les ressources relatives à un sujet donné.

- **Mis à jour régulièrement** : N'ont été conservés que les sites mis à jour à un rythme régulier.

- **Francophones et de qualité** : Des 620 adresses du Furet 1.0, 200 sites W3 en français (ou bilingue) ont été retenus. Puisqu'à peine 3 % des sites W3 sont en français, ce nombre est appréciable.

Un gestionnaire de signets personnels

Six cent vingt adresses, c'est beaucoup et c'est peu à la fois, surtout lorsqu'on s'intéresse à un sujet très précis. Le Furet vous offre donc la possibilité de créer votre propre carnet d'adresses et de le modifier à votre guise.

Pour ce faire, vous devez disposer du **gestionnaire de signets** du Furet, un logiciel exclusif qui fonctionne de pair avec Netscape. Pour obtenir gratuitement ce logiciel par courrier électronique, *voyez les instructions à l'annexe, page 202.*

Une fois le gestionnaire installé, vous y retrouvez les mêmes catégories que celles qui apparaissent dans le sommaire du Furet. De là, vous pouvez accéder aux adresses répertoriées dans le Furet ou à votre propre carnet d'adresses personnelles.

Pour plus de détails, voyez l'**aide à l'usager** ou cliquez sur le bouton **aide/guide** qui figure à la page sommaire du Furet. Vous y trouverez un guide d'utilisation du gestionnaire de signets personnels.

LE FURET 2.0

Disponible sous forme électronique seulement, **Le Furet 2.0** contient 1 000 adresses plutôt que 620, et inclut une mise à jour gratuite. Tous les deux mois, les liens vers les sites W3 disparus ou inactifs sont éliminés, tandis que de nouvelles adresses d'intérêt sont ajoutées aux menus. Au moment de votre choix, vous pourrez ainsi obtenir une édition « rafraîchie » du carnet d'adresses.

De plus, **Le Furet 2.0** est disponible en plusieurs versions graphiques, mieux adaptées aux différents navigateurs (autres que Netscape) ou aux écrans à faible résolution (480 × 640). Le gestionnaire de signets offre aussi de nouvelles fonctions.

Si vous vous êtes procuré le *Guide Iris Internet* accompagné du Furet 1.0, vous pouvez obtenir la version 2.0 à coût réduit. Voyez l'aide à l'usager : **comment obtenir Le Furet 2.0.**

Le Furet : aide à l'usager

COMMENT...

- se servir du carnet d'adresses électronique
- lire les fiches et symboles graphiques
- revenir à la page précédente
- augmenter la surface de votre écran
- faire du Furet sa page d'accueil

  faire ses ajouts personnels
- obtenir **Le Furet 2.0**

... SE SERVIR DU CARNET D'ADRESSES ÉLECTRONIQUE

Si vous savez cliquer, vous en savez assez !

Les 620 adresses du Furet sont classées selon **14 grandes catégories** auxquelles on accède depuis la page sommaire. En cliquant sur les titres ou sur les icônes de ces catégories, vous accédez aux sous-catégories dans lesquelles se trouvent les choix du Furet.

Note : Les instructions pour l'installation initiale du Furet 1.0 sur votre PC ou Macintosh figurent à l'annexe, **page 201.**

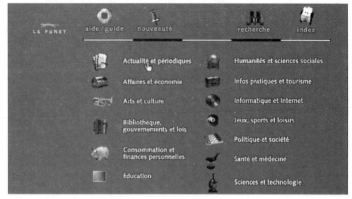

Par exemple, en cliquant sur la rubrique «Actualité» dans le sommaire, vous ferez apparaître les sous-catégories suivantes :

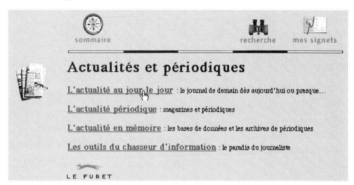

Pour consulter les quotidiens sur Internet, choisissez «L'actualité au jour le jour». Ceci vous amènera au carnet d'adresses correspondant :

Le bouton **mes signets** vous permet d'accéder à la page des signets personnels que vous avez classés dans la sous-catégorie « L'actualité au jour le jour ». Vous pouvez à tout moment ajouter, enlever ou modifier votre choix de signets personnels en vous servant du **Gestionnaire de signets** du Furet.

Chaque catégorie et chaque sous-catégorie de sujets mène donc à deux carnets d'adresses différents : le carnet d'adresses du Furet et votre propre sélection de signets personnels. Contrairement à votre carnet personnel, les choix du Furet ne peuvent pas être modifiés.

... LIRE LES FICHES ET SYMBOLES GRAPHIQUES

Un clic sur l'adresse soulignée vous conduit au site sélectionné, tandis qu'un clic sur le triangle qui la précède fait apparaître une fiche décrivant brièvement la nature des informations ou des services offerts.

▲ **Atrium de l'Université de Montréal**

- communication Telnet
- prévoir du temps pour s'y habituer
- les 21 bibliothèques de l'UdeM

Cette entrée donne accès à l'ensemble des catalogues des 21 bibliothèques du réseau de l'Université de Montréal. Attention, cette commande active une communication Telnet à condition que le logiciel approprié soit installé dans votre ordinateur. Inscrivez *public* au menu Login:

De là, vous pouvez accéder au site en cliquant sur l'adresse soulignée ou revenir à la sélection du Furet en cliquant de nouveau sur le triangle situé à gauche. Les symboles graphiques indiquent si le site W3 est en français (ou bilingue), si son accès est gratuit ou payant, ou s'il s'agit d'un carrefour permettant d'accéder à d'autres sites W3.

L'ACTUALITÉ AU JOUR LE JOUR...

▼ La Presse canadienne ▼ 24 Hour News

▼ Le Matinternet ▼ CBC Radio News

▼ Le journal Le Monde ▼ CReAte Your Own Newspaper

Le bouton **mes signets** vous permet d'accéder à la page des signets personnels que vous avez classés dans la sous-catégorie *L'actualité au jour le jour.* Vous pouvez à tout moment ajouter, enlever ou modifier votre choix de signets personnels en vous servant du gestionnaire de signets Le Furet (voir les détails en page 10).

Chaque catégorie et chaque sous-catégorie de sujets conduisent donc à deux carnets d'adresses différents : le carnet d'adresses du Furet et celui de vos propres signets. Contrairement à votre carnet personnel, celui du Furet ne peut pas être modifié.

... REVENIR À LA PAGE PRÉCÉDENTE

Vous pouvez revenir à la page précédente à tout moment en cliquant simplement sur le bouton **Back** qui apparaît complètement en haut, à gauche de votre navigateur Netscape.

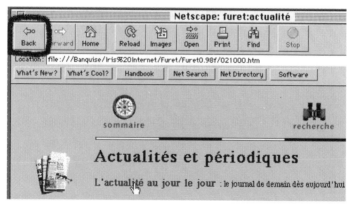

… AUGMENTER LA SURFACE DE VOTRE ÉCRAN

Vous pouvez réduire l'espace occupé par les boutons de navigation de Netscape en modifiant leur apparence.

Pour y parvenir, exécutez la manœuvre qui suit :

- Faites défiler le menu **Options** situé dans la barre de menus placée tout en haut de votre écran et ouvrez la fenêtre **Preferences: General**.

- Dans la boîte intitulée **Toolbars**, cochez le bouton **Text** et cliquez sur OK.

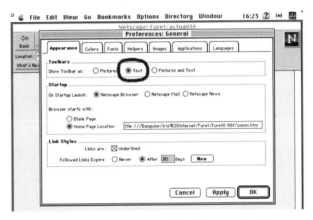

- Revenez ensuite au menu **Options** et actionnez la commande **Save Options**.

… FAIRE DU FURET SA PAGE D'ACCUEIL

Chaque fois que vous cliquez sur le bouton **Home** de votre navigateur, vous revenez à la page d'accueil appelée **Home Page**. À tout moment, vous pouvez modifier le choix de cette page. Pour que le sommaire du Furet devienne votre page d'accueil, procédez comme suit :

- Ouvrez la page sommaire du Furet et **notez** ou **copiez** l'adresse apparaissant dans la fenêtre **Location** de Netscape.

- Ouvrez la fenêtre **Preferences: General** en faisant défiler le menu Options situé dans la barre de menus placée tout en haut de votre écran.

- Copiez cette adresse dans le champ intitulé **Home Page Location** et cliquez sur OK.

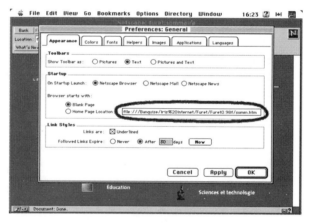

- Revenez ensuite au menu **Options** et actionnez la commande **Save Options**.

... FAIRE SES AJOUTS PERSONNELS

Pour accéder au gestionnaire de signets du Furet, il vous suffit de l'appeler au premier plan. Vous y retrouvez les mêmes catégories que celles qui apparaissent dans le sommaire du Furet. De là, vous pouvez accéder aux adresses répertoriées dans le Furet ou à votre propre carnet d'adresses.

Voici quelques-unes des fonctions du gestionnaire de signets.

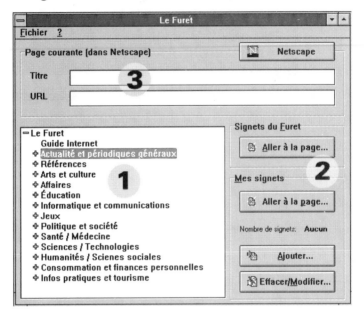

1. La fenêtre des catégories

La fenêtre de gauche indique les catégories et les sous-catégories de sujets contenues dans Le Furet. Cliquez deux fois sur l'une d'entre elles, et le gestionnaire appelle le navigateur au premier plan. Ce dernier s'ouvre alors sur la page des adresses présélectionnées du Furet.

2. Les boutons de contrôle

Les quatre boutons de la fenêtre de droite permettent d'accéder ou de modifier les adresses répertoriées dans l'une ou l'autre des catégories apparaissant dans la fenêtre de gauche.

- Sous la rubrique **Signets du Furet**, le bouton **Aller à la page...** vous permet d'afficher la page du Furet sélectionnée dans la fenêtre de gauche. Cliquez sur le bouton et le gestionnaire appelle le navigateur au premier plan. Ce dernier s'ouvre alors sur la page que vous avez sélectionnée. Un clic sur le bouton a le même effet qu'un double clic effectué dans la fenêtre de gauche.

- Sous la rubrique **Mes signets**, vous trouverez les commandes permettant d'ajouter, de modifier ou d'éliminer des adresses dans vos pages personnelles.

2. a) Le bouton **Aller à la page...** vous permet d'afficher la page des signets personnels classés sous la catégorie sélectionnée dans la fenêtre de gauche. Cliquez sur ce bouton et le gestionnaire appelle le navigateur au premier plan. Ce dernier s'ouvre alors sur la page des signets personnels.

2. b) Un **compteur** indique si vous avez ajouté ou non des signets personnels dans l'une ou l'autre des catégories.

2. c) Les boutons **Ajouter...** et **Effacer/Modifier...** ont pour effet d'ouvrir une nouvelle fenêtre de dialogue vous permettant d'ajouter ou de modifier le titre et la description de l'un de vos signets personnels (pour plus de détails, voir plus bas).

3. La fenêtre Page courante :

Tandis que vous naviguez d'un site à l'autre d'Internet, le gestionnaire du Furet se charge d'enregistrer automatiquement les titres et adresses (URL) des pages affichées sur l'écran.

Lorsque vous désirez ajouter une adresse à votre carnet personnel, il vous suffit d'appeler au premier plan le gestionnaire de signets. Vous constaterez que le titre et l'adresse de la page ont déjà été saisis ; vous n'avez plus qu'à choisir la catégorie sous laquelle vous désirez conserver cette adresse.

Appuyez ensuite sur le bouton **Ajouter** : une nouvelle fenêtre de dialogue vous permettra de modifier le titre à votre guise (ils ne sont pas toujours très explicites…) ou d'ajouter des notes personnelles à ce signet.

… Obtenir le Furet 2.0

Disponible sous forme électronique seulement, **Le Furet 2.0** contient **1 000 adresses** plutôt que 620, et inclut une **mise à jour** gratuite. Au moment de votre choix, vous pourrez ainsi obtenir une édition «rafraîchie» du carnet d'adresse.

De plus, **Le Furet 2.0** est disponible en **plusieurs versions**, mieux adaptées aux différents navigateurs (autres que Netscape) ou aux écrans à faible résolution (480 × 640). Le **gestionnaire** de signets offre aussi des fonctions additionnelles.

Le Furet 2.0 est vendu par Iris Internet au coût de **24,95 $.** Si vous vous êtes procuré le *Guide Iris Internet* accompagné du Furet 1.0, vous pouvez toutefois **obtenir la version 2.0 pour 10 $** (offre valable jusqu'au 31 octobre 1996).

Pour vous procurer le Furet 2.0, vous pouvez :

1. Visiter le site W3 d'Iris Internet, où vous trouverez des informations supplémentaires et **les numéros de téléphone** vous permettant d'effectuer votre commande de vive voix ou par télécopieur.

Iris Internet : **http ://www.iris.ca/**

2. Faire parvenir un **chèque** ou un **mandat postal** au montant de **10 $** (CA) à l'ordre d'Iris Internet et y joindre les informations suivantes (vous pouvez faire imprimer ce coupon) :

Nom : _____

Adresse électronique : _____

(Le Furet 2.0 vous sera envoyé directement à cette adresse.)

Numéro de série du Furet 1.0 _____

(Ce numéro figure sur l'étiquette de la disquette jointe.)

Type d'ordinateur □ PC □ Macintosh

Logiciel utilisé avec Le Furet

□ Netscape version _____
□ Autre (précisez) : _____.

Par défaut, le graphisme du Furet est optimisé pour les écrans Macintosh et les écrans affichant 600 × 800 pixels (PC). Si vous désirez obtenir une version optimisée pour 480 × 640 pixels, cochez ici : □

- -

Facultatif :

Adresse postale : _____

_____

Désirez-vous recevoir des informations concernant les nouveaux produits d'Iris Internet ?

□ oui   □ non

Nous nous engageons à ne pas divulguer vos coordonnées.

Iris Internet
8421, rue Berri
Montréal (Québec)
H2P 2G3

Guide Internet

MON PREMIER COURS DE NAVIGATION

Si vous savez cliquer, vous en savez assez!

Plus besoin d'être un expert en informatique pour naviguer sur Internet. De puissants logiciels, comme le navigateur que vous utilisez présentement, vous permettent désormais de *cliquer* votre chemin parmi les centaines de millions de pages d'information disséminées sur le réseau. Voici un petit guide des rudiments de la navigation.

Mais où suis-je donc?

Vous êtes présentement dans l'antichambre du World Wide Web, zone la plus achalandée du réseau Internet. Le W3, c'est l'équivalent d'une immense encyclopédie constituée de millions de pages entreposées sur des milliers d'ordinateurs éparpillés sur la planète. Un fouillis indescriptible! Ces pages sont parsemées de mots clés soulignés, lesquels mènent à d'autres pages qui, elles-mêmes, peuvent recenser d'autres pages et ainsi de suite. On apprend «hypertexte», ce mode d'indexation. On y navigue exactement comme dans l'un de ces romans dont vous êtes le héros.

Note: Pour plus d'informations, jetez un coup d'œil sur les manuels d'introduction à Internet diffusés sur le réseau lui-même. Adieu les manuels de papier!

Le Furet est rigoureusement conçu sur le modèle des pages du W3. Le sommaire tient lieu de place centrale et permet d'accéder aux quelque 200 pages du carnet. Seulement, la navigation s'y fait en vase clos, puisque le Furet est conservé sur le disque dur de votre ordinateur. C'est ce qui explique entre autres la grande rapidité du guide.

Par contre, dès que vous cliquez sur l'une des adresses soulignées dans le guide, vous quittez votre disque dur. Vous avez frappé à la porte d'un autre ordinateur branché sur le W3 et situé à quelques pas de chez vous ou carrément de l'autre côté de la planète. Une fois le contact établi, le navigateur vous rend l'information entreposée sur cette page, généralement la porte d'entrée d'un site W3 comportant un certain nombre de pages.

Soyez patient : il faut parfois attendre quelques secondes, voire quelques minutes, avant de recevoir toute l'information contenue sur certaines pages achalandées ou encombrées de graphiques. Plus la page W3 est garnie d'images, plus elle est lourde et plus le téléchargement prendra de temps.

Les modems les plus rapides sont généralement limités à 28 800 bits par seconde (bps). À cette vitesse, le transfert d'une image de taille moyenne (100 K)

TRUC. Plusieurs sites W3 offrent le choix d'un menu appelé **Text** ou **Low graphics**. Il s'agit d'un bon antidote contre l'impatience, surtout lorsqu'on s'attaque à des méga-sites commerciaux bourrés d'images du calibre de Pathfinder, réalisé par Time-Warner, éditeur des magazines américains *Time*, *People*, *Vibe*, etc.

Vous pouvez aussi renoncer aux images en décochant la commande **Auto Load Images** intégrée au menu **Options** situé dans la barre de menus tout en haut de votre écran. Si vous changez d'idée en cours de route, vous n'avez qu'à cliquer sur le bouton **Images** situé vers le haut de l'écran, et les images de la page visitée seront téléchargées.

demande près de 50 secondes. Imaginez ce que demandent des dizaines d'images.

On dit du W3 qu'il s'agit d'un nouveau médium de communication, un hypermédia, puisqu'il donne accès à du texte, des images, du son et même de la vidéo. Pour profiter pleinement de ces possibilités, par contre, il faut disposer des logiciels appropriés dont la plupart sont disponibles gratuitement sur le réseau.

Le HTML, base du W3

Conteurs d'histoires, journalistes en herbe, dessinateurs, créateurs et patenteux de toutes sortes, se sont lancés dans l'apprentissage du HTML (HyperText Markup Language), le langage de programmation du W3. Ce langage de programmation simple permet de créer ses propres pages W3 et d'y insérer du contenu, des images, du texte ou du son.

Le HTML consiste en une série de codes qui indiquent à un navigateur comme Netscape la manière d'afficher certains éléments graphiques. De nombreux manuels permettent d'«HTMLiser» en toute facilité.

Pour visionner la source d'une page HTML, il vous suffit de cliquer sur le bouton appelé **View Source** dans Netscape ou l'équivalent dans Internet Explorer et Tango d'Alis; apparaîtront alors les codes qui ont

---

Le réseau pullule de sites fantômes

Les spécialistes de la recherche s'inquiètent de plus en plus de la multiplication des sites fantômes : sites W3 mis en place sur le réseau et abandonnés par leur créateur après quelques mois à peine.

Résultat : près de 20 % des 15 millions de sites W3 actuellement accessibles seraient vides, inexistants ou dépassés. Les mégarépertoires tels Lycos ou Altavista ne peuvent pas différencier les sites ouverts ou inexistants. Donc, ne soyez pas surpris de voir apparaître de plus en plus souvent l'indication *Error 404 : URL not found.*

permis de concevoir cette page. Tous les outils de programmation HTML figurent dans la section «Informatique et Internet».

Y'a pas que le Web!

Inventé en 1994, le W3 est rapidement parvenu à s'imposer comme la zone la plus conviviale et la plus fréquentée du réseau. Des navigateurs (Netscape, Internet Explorer, Tango) de plus en plus sophistiqués intègrent en effet l'ensemble des différentes fonctions du réseau et donnent l'impression que le W3, c'est tout l'Internet. Pourtant, Internet compte plus de huit zones et fonctions différentes dont quatre valent d'être soulignées: le courrier électronique, les listes de distribution, les groupes de nouvelles et la fonction Telnet.

- Le courrier électronique

  C'est le service le plus ancien, mais aussi le plus utile et le plus répandu. On estime en effet qu'une bonne part des 40 millions de personnes branchées sur Internet n'ont encore accès qu'au courrier électronique, comme c'est le cas pour la plus grande partie du continent africain. Ce service est fiable et rapide ; il permet d'échanger du texte, des images, du son et de la vidéo.

  La **pièce jointe** (*attachment*) permet d'expédier des documents dans leur format d'origine. Si, par exemple, vous faites parvenir à votre correspondant un texte composé à l'aide du traitement de texte Word, il pourra l'ouvrir au moyen

---

La «netiquette» est le code de conduite informel dans le réseau Internet. Rappelez-vous trois grandes règles si vous voulez éviter les foudres des internautes: NE CRIEZ PAS (c'est ce que les caractères en MAJUSCULES signifient), ciblez vos interventions (choisissez les groupes de nouvelles appropriées avant d'intervenir) et limitez vos activités commerciales aux groupes qui en font leur spécialité (par exemple, alt.mtl.forsale.a-vendre).

du même logiciel, y faire des modifications et vous le retourner. Cette fonction permet également d'expédier des logiciels entiers.

Parmi les logiciels de courrier électronique, Eurora est le plus répandu.

• Les listes de distribution

Les listes de distribution ressemblent aux groupes de nouvelles, cependant vous recevez tous les messages directement dans votre boîte aux lettres électronique. On compte plusieurs milliers de listes portant sur une foule de sujets et dont certaines offrent un contenu exceptionnel. Les experts ont tendance à délaisser les groupes de nouvelles au profit des listes dotées d'une plus grande flexibilité et d'une plus grande discrétion. Quelques répertoires recensent les principales listes classées par sujet.

• Les groupes de nouvelles

Vous aimez les poissons rouges, le jazz ou la physique quantique? L'un des 13 000 groupes de discussion du réseau USENET vous permet de partager votre passion avec des compères de tous azimuts. Ces groupes constituent une sorte d'immense babillard électronique. On peut y afficher des messages auxquels des gens peuvent donner des réponses qui attireront à leur tour des commentaires, puis d'autres interventions et ainsi de suite. Malheureusement, très peu de groupes de discussion existent en français.

Pour participer aux groupes de nouvelles, on peut recourir à des fonctions spécifiques dans Netscape ou se servir d'un des lecteurs de nouvelles disponibles gratuitement sur le réseau (tels que Newswatcher pour Macintosh ou Trumpet

Newsreader pour Windows), d'une conception supérieure et d'utilisation plus facile.

• La fonction Telnet

La fonction Telnet permet de se brancher sur un autre ordinateur et de le piloter comme si l'on était sur place. Ainsi, de Montréal, un Parisien peut se brancher par Telnet sur Paris et gérer son courrier comme s'il n'avait jamais quitté sa ville d'origine.

Encore aujourd'hui, plusieurs banques de données très utiles ne sont accessibles que par Telnet, c'est le cas de la plupart des bibliothèques publiques. Les grands inconvénients de Telnet, ce sont sa lenteur et son interface en mode texte qui jure à côté du W3.

Pour se servir de Telnet, il faut disposer des logiciels NCSA Telnet (Macintosh) ou PC Telnet pour DOS/Windows.

Quelques grandes zones méconnues d'Internet

D'autres zones plus anciennes, appelées Gopher, WAIS et FTP, sont encore utilisées aujourd'hui, mais elles tendent à être remplacées par le W3 qui devient rapidement le guichet unique du réseau.

Les sites Gopher : des trésors anciens

L'avènement Gopher fut une révolution : il amorçait la possibilité de faire des recherches à travers des documents situés n'importe où dans Internet. De plus, il permettait d'introduire du son et de l'image parmi les textes. Cependant, la gloire de Gopher n'a duré que le temps de s'habituer au W3. Les recherches dans l'espace Gopher se font toujours à l'aide de la fonction Veronica.

Les sites FTP : bazars et quincailleries

Les répertoires FTP (File Transfer Protocol) sont une mine inépuisable de logiciels, mais aussi de textes et d'images. Comme il n'est pas facile de s'y retrouver, on s'en sert uniquement pour entreposer du matériel et l'on y accède habituellement par le biais du W3. Un service FTP vous permet aussi d'écrire ou de lire des fichiers à distance sur l'ordinateur de votre fournisseur d'accès. Les logiciels FTP les plus répandus s'appellent Archie et Anarchie.

IRC, Chats, MOOS, MUDS : les joies de la discussion en direct

L'Internet Relay Chat offre la possibilité de communiquer en se regroupant dans des « canaux » organisés par thème. D'un usage malaisé, l'IRC tend à perdre sa popularité au profit des Multi-User Dungeons (MUD) et des Multi-User Object-Oriented Environments (MOO). Dans ces environnements, des espaces (pièces, grottes, salons, châteaux) sont construits et définis par les utilisateurs sur le modèle des jeux de rôles. Pour de plus amples informations, jetez un coup d'œil à la page des Moondes virtuels de Martine Gingras.

Talk : le téléphone par écrit

Grâce à Talk, on retrouve la communication en temps réel dans sa forme la plus simple. Talk cède toutefois rapidement au IPhone qui permet d'utiliser l'Internet comme un téléphone.

Il n'y a pas que Netscape !

Le Netscape Navigator 2.0 reste le plus courant. Pourtant, d'autres produits sont disponibles, dont le navigateur multilingue Tango de la compagnie québécoise Alis Technologies. Celui-ci permet de naviguer dans le W3 en plus de 70 langues.

Par ailleurs, vous aurez besoin d'une batterie de logiciels différents pour naviguer en toute quiétude dans les différentes zones d'Internet. Disposez-vous de tous ?

Les quatre logiciels de base :

- Un logiciel de communication : sans lui, vous ne seriez probablement pas ici. C'est ce logiciel qui permet de vous brancher sur votre fournisseur d'accès à Internet. DOS/Windows : Trumpet Winsock ; Mac OS : MacTCP.

- Un logiciel de courrier électronique : même si les navigateurs vous permettent déjà de recevoir et d'expédier du courrier électronique, optez pour un logiciel de courrier. Leurs fonctions diverses deviennent rapidement indispensables. DOS/Windows et Mac OS : Eudora ou Pegasus Mail.

- Un logiciel de Telnet : la fonction Telnet permet de se brancher sur un autre ordinateur et de le piloter comme si l'on était sur place. Ce logiciel est indispensable entre autres pour consulter les catalogues des bibliothèques universitaires. DOS/Windows : PC Telnet ; Mac OS : NCSA Telnet.

- Un lecteur de nouvelles : vous pouvez accéder aux nouvelles par le biais de Netscape ou en vous servant d'un logiciel spécifique. DOS/Windows : Trumpet Newsreader ; Mac OS : Newswatcher.

Les logiciels plus avancés :

- **Archie et Anarchie** : deux logiciels qui aident à vous retrouver parmi les sites FTP (File Transfer Protocol).

- **Internet Relay Chat** : pour goûter aux joies des discussions en direct. DOS/Windows : mIRC (ftp://ftp.demon.co.uk/pub/ibmpc/winsock/apps/mirc/)

- Mac OS : IRCle (www.omroep.nl/~onno)

- **The Palace** : les discussions en direct par le biais du W3. DOS/Windows et Mac OS : The Palace.

RealAudio ou StreamWorks : pour écouter la radio en direct sur Internet. DOS/Windows et Mac OS : RealAudio StreamWorks.

- **InternetPhone** : permet de parler au téléphone par le biais d'Internet. DOS/Windows : IPhone Mac OS : NetPhone ou IPhone pour PowerMac.

- **CU-SeeMe** : un logiciel de vidéoconférence. DOS/Windows et Mac OS : CU-SeeMe.

- Des *plug-ins* en quantité : Netscape 2.0 permet l'ajout de *plug-ins*, logiciels qui s'ouvrent à l'intérieur de la fenêtre du navigateur et permettent de voir des images animées ou des documents en format Acrobat, etc. DOS/Windows et MacOS : les *plug-ins* de Netscape (www.netscape.com).

Vous voulez en savoir plus ? La section « Informatique et Internet » du guide vous offre les meilleurs répertoires de logiciels de navigation. Celui du RISQ est excellent, en plus d'être en français.

La recherche sur Internet

Le premier saut dans le cyberespace provoque parfois l'effet d'une douche froide. Le World Wide Web (W3) apparaît comme un méli-mélo, une sorte de ramassis d'informations éparses et difficiles à retracer. De puissants outils de recherche – une bonne quarantaine – permettent heureusement d'arriver sans tarder à bon port. Il ne vous reste plus qu'à choisir les bons outils !

Il n'y a pas que le Web ! Des milliers d'experts, de spécialistes, de mordus hantent les couloirs du réseau, prêts à répondre à vos questions. Néanmoins, plusieurs se tiennent loin du W3. On les retrouve au sein des listes de distribution ou des groupes de nouvelles. Il ne vous reste plus qu'à les dénicher !

N'importe qui peut diffuser de l'information sur Internet. Or, le diffuseur est souvent le garant de la qualité de l'information. Le retracer fait donc partie des stratégies d'un bon chasseur d'informations.

Les grands outils de la recherche

Tout d'abord, évitez les points de départ et les palmarès de sites du genre *What's new ?* ou les *Chroniques de Cybérie*. Excellents tremplins pour le surf, ce sont de piètres outils de recherche. Optez plutôt pour les outils de recherche par mot clé, par sujet ou par pays.

* La recherche par mot clé. Vive les robots chercheurs !

  Ces outils tiennent tous du rêve de dresser un inventaire complet des contenus du W3. Chaque jour, leurs centaines de robots surfeurs parcourent le réseau en sautant d'une page à l'autre au gré des liens hypertextes tout en enregistrant au passage les adresses et les textes manquants. Leur succès est fonction de leur force brute : plus la machine est rapide, plus l'index sera volumineux et plus il sera complet.

  Cette même force constitue paradoxalement leur faiblesse, en particulier lorsque l'objet de recherche comporte une certaine ampleur. Une recherche dans Inktomi avec le mot « village », par exemple, donne plusieurs milliers d'entrées sur des sujets aussi variés que des adresses de fournisseurs d'accès à Internet et des textes sur les attraits touristiques de différentes régions.

  La même recherche menée à partir d'un terme très pointu, le *staphylococcus aureus*, virus propagé dans les hôpitaux, a permis de récolter 2 000 entrées dont les quatre premières étaient les plus pertinentes.

  De grandes collections d'outils de recherche par mot clé facilitent le travail. La collection Search.com n'est pas la plus complète, mais elle est bien structurée et agréable à consulter. The

Internet Sleuth compte 1 000 outils de recherche et banques de données spécialisées, mais la présentation manque d'attrait.

- La recherche par sujet : répertoires généraux et spécialisés

  Des répertoires d'adresses bien classées constituent le meilleur moyen de trouver de l'information à partir d'un sujet plus ou moins précis. Pour les recherches d'ordre général, on peut compter sur des répertoires généraux tels Magellan et Yahoo !

  Les répertoires spécialisés, par ailleurs, sont des ressources indispensables aux recherches sur des sujets précis. Souvent réalisés par des universitaires ou des spécialistes, ils sont toujours excellents bien que souvent arides à consulter. Deux grandes collections de répertoires spécialisés méritent d'être mentionnés : le Clearinghouse of Subject-oriented guides et le Virtual Library.

Les repaires d'experts

Si l'on prend des abonnements pour chercher de l'information dans Internet, on y reste parce qu'on rencontre des mordus et des spécialistes dans tous les domaines. Autrement dit, quelque part dans le réseau, quelqu'un s'intéresse au sujet qui nous passionne et détient probablement les réponses qui nous manquent. Il ne reste plus qu'à trouver cette ressource.

- Première étape : les groupes de nouvelles

  Pointez votre navigateur sur le site Anchorman et vous pourrez accéder aux 14 000 groupes de nouvelles du réseau à partir de menus hiérarchiques ou en effectuant une recherche par mot clé. Cette méthode convient davantage à quiconque connaît déjà les groupes les plus intéressants.

Si ce n'est pas le cas, vous devrez faire du dépistage dans les textes complets que diffusent les groupes. Pointez votre navigateur sur les moteurs de recherche DejaNews, Alta Vista, InfoSeek ou Excite qui recensent toutes les nouvelles parues dans les groupes au cours des semaines précédentes. Retracez les textes auxquels renvoient les mots clés des sujets sélectionnés et vous trouverez le ou les groupes qui en traitent.

- Deuxième étape : les listes de distribution

  Les listes dégagent souvent une information plus pertinente que les groupes de nouvelles. Les listes modérées offrent fréquemment un contenu de meilleure qualité. Elles sont tamisées par un modérateur qui vérifie la rigueur des intervenants en regard du thème de la liste. Un bon nombre de listes distribuent un résumé (*digest*) par courrier électronique et mettent des archives à la disposition de la clientèle.

  Deux bons répertoires retracent les listes par mot clé : Liszt, de loin le plus vaste index des listes de discussion d'Internet, et Publicly Accessible Mailing Lists qui est moins exhaustif mais plus sélectif.

Yahoo !

http ://www.yahoo.com/
- **le plus vaste répertoire général**
- **normalement très fiable et rapide**
- **voir aussi Yahooligans ! pour enfants**

Au rythme de 1 000 nouvelles inscriptions par jour, Yahoo est l'index le plus couru d'Internet. Non sélectif et sans commentaires, il excelle dans les recherches rapides. Il présente une forme simple et agréable. Ce que signifie Yahoo ? Yet Another Hierarchical Organized Oracle. Humour californien !

Magellan (McKinley)

http ://www.mckinley.com/
- **entre Yahoo et les guides spécialisés**
- **pour l'exploration prudente...**
- **professionnel, sélectif et descriptif**

Peut-être le plus sophistiqué des répertoires sélectifs du W3, Magellan propose d'excellents choix de sites, toujours accompagnés d'une description et d'une évaluation détaillée. Recherche par sujet (menu hiérarchique) ou par mot clé.

The Virtual Tourist (par pays)

http ://www.vtourist.com/webmap/
- **accès aux répertoires par pays**
- **à partir d'une carte géographique**
- **agréable mais plutôt lent**

Un classique. Il donne accès aux répertoires nationaux à partir d'une carte du monde interactive. Il s'agit en somme d'une interface visuelle aux longues listes du WWW Servers : Summary, site apparemment primitif mais d'usage plus rapide.

La Toile du Québec fr

http ://www.toile.qc.ca/
- **LE répertoire des sites du Québec**
- **mise à jour quotidienne**
- **sobre et efficace (à la Yahoo)**

Répertoire de référence du Québec, La Toile propose aussi un annuaire de pages personnelles (Qui est là ?) et une bonne sélection d'index francophones internationaux. Le classement des ressources est assez précis, mais il y manque un outil de recherche par mot clé. Les sites sont annotés par les diffuseurs eux-mêmes.

La collection Canadiana

http ://www.cs.cmu.edu/Web/Unofficial/Canadiana/LISEZ.html
- **répertoire de sites canadiens**
- **graphisme ennuyeux**
- **complet et à jour**

Loin d'un régal pour l'œil, ce répertoire introduit dans l'ensemble des sites W3 au Canada ; il est particulièrement riche en adresses officielles (gouvernements, instituts, etc.). Voir en particulier la section Systèmes d'information canadiens.

CanSites (Canada)

http ://schoolnet.carleton.ca/cdisk/CanSites/CanSites.html
- **ressources canadiennes par sujet**
- **orienté vers la culture et l'éducation**
- **à peine bilingue**

Réalisé par l'équipe du projet SchoolNet, CanSites est un autre excellent point de départ pour explorer par sujet le Canada tout entier. Moins institutionnel que Canadiana, CanSites privilégie la culture et l'éducation. Site bilingue dont le français n'est pas toujours au point.

Liste des serveurs W3 en France

http ://www.urec.fr/France/www_list_fr.html
- **tous les serveurs de France**
- **classement par sujet, région, etc.**
- **quelques cartes géographiques**

Une bonne entrée dans l'ensemble des sites W3 de France, classés par nom, sujet, région, etc. Une section particulière regroupe les nouveautés ; le répertoire offre une petite collection de cartes de la France et de ses régions. Il émane du Centre national de recherches scientifiques.

Le quartier français du village global

http ://www.urich.edu/~jpaulsen/gvfrench.html
- **le W3 francophone vu des États-Unis**
- **centré sur la France métropolitaine**
- **pas grand-chose sur le Québec**

Les étudiants américains les plus romanesques adorent dresser des répertoires de ressources francophones, et celui-là est sans doute le meilleur pour l'instant. D'un point de vue québécois, toutefois, c'est plutôt mince. Ah ! Paris !

RECyF les espaces francophones

http ://www.lanternette.com/hugo/francais.html
- **une liste des répertoires (par pays)**
- **pour visiter le W3 en français**
- **présentation simple et efficace**

Le RECyF est une sélection des meilleurs répertoires franco-phones du réseau, classés par pays (Québec, France, Belgique, etc.) Le nom renvoie à « Répertoire des espaces cybernétiques francophones ». Le graphisme prend un petit air malicieux.

The WWW Virtual Library

http ://www.w3.org/hypertext/DataSources/bySubject/Overview.html
- **carrefour des guides spécialisés**
- **des sources surtout universitaires**
- **page d'accueil un peu nébuleuse**

Parmi les pionniers du W3, ce répertoire consiste en une « fédération » de guides spécialisés (fruit du travail d'équipes différentes). D'un sujet à l'autre, la qualité est donc variable, mais le niveau général est excellent. Perspective universitaire. Du sérieux.

Clearinghouse of subject-oriented guides

http ://www.lib.umich.edu/chhome.html
- **une collection de guides spécialisés**
- **approche universitaire**
- **point de départ pour la recherche**

Le répertoire des guides spécialisés. Il est produit par l'université du Michigan. Pour chaque sujet, on trouve de nombreuses références à des guides spécialisés toujours très complets. Un site résolument universitaire indispensable aux recherches approfondies.

IPL – Ready Reference Collection

http ://www.ipl.org/ref/RR/
- **autre accès aux meilleurs guides spécialisés**
- **trop exclusivement américain**
- **partie de l'Internet Public Library**

Une autre très bonne collection de guides spécialisés et la meilleure section de l'Internet Public Library qu'il vaut la peine de visiter en entier. Un seul reproche, mais de taille : l'approche est tout à fait américaine.

Alta Vista

http ://www.altavista.digital.com/
- **plus de 20 millions de pages indexées**
- **accepte les caractères accentués**
- **recherche aussi dans les forums**

Pour l'instant le plus vaste index du W3, Alta Vista permet aussi la recherche parmi les messages récemment affichés dans les forums (*newsgroups*). Nice Touch : le moteur de recherche accepte les caractères accentués. Un service gratuit de Digital Equipment.

Lycos

http ://lycos.cs.cmu.edu/
- **toujours dans le peloton de tête**
- **comparable à Alta Vista pour le W3**
- **réfractaire aux accents**

L'équipe de Lycos prétend avoir indexé près de 95 % des sites W3, ce dont doutent ses concurrents : tout dépend de ce qu'on additionne, paraît-il. Néanmoins, Lycos figure parmi les plus efficaces moteurs de recherche actuels.

Infoseek

http ://www.infoseek.com/
- **recherche dans le W3, les *newsgroups*, les FAQ**
- **l'aspect intégration l'emporte sur la taille**
- **davantage sur abonnement**

Ce n'est pas l'index du W3 le plus complet, mais il offre une panoplie de services utiles : recherche dans les forums (*newsgroups*) et les FAQ, répertoire maison de sites évalués. Infoseek propose aussi un service commercial (banques de données privées).

Open Text

http ://www.opentext.com/omw/f-omw.html
- **2,5 milliards de mots : qui dit mieux ?**
- **plusieurs niveaux de recherche**
- **excellente documentation (aide)**

Voilà un autre candidat au titre d'index suprême du W3 comportant quelque 27 millions de liens. Interface de recherche simple ou « avancée » permettant des formulations complexes dont découlent probablement des résultats plus pertinents.

Lokace (francophonie) *fr*

http ://www.iplus.fr/lokace/lokace.htm
- **index des sites francophones**
- **recherche par mot clé**
- **pour naviguer tranquillement**

Cet outil de recherche n'indexe que les documents francophones diffusés par la France ou le Québec. Si vous préférez lire votre horoscope en français, c'est donc l'oracle à consulter. Cependant, Alta Vista est souvent le plus fiable même dans les champs francophones.

Ecila (France) *fr*

http ://ecila.ceic.com/
- **pour ne chercher qu'en France**
- **pour ne trouver qu'en France**
- **et si là-bas, ça parle anglais ?**

Encore plus spécifique que Lokace (la francophonie), Ecila ne considère que les documents diffusés par la France. Chauvinisme hexagonal ? Nenni : ces outils « discriminants » sont en fait d'une grande utilité. On attend toujours l'équivalent au Québec.

MetaCrawler

http ://metacrawler.cs.washington.edu/
- **tous les index en même temps**
- **intégration des résultats**
- **pour être sûr d'avoir tout essayé**

MetaCrawler effectue des recherches simultanées dans Alta Vista, Open Text, Lycos, WebCrawler, InfoSeek, Excite, Inktomi, Yahoo et Galaxy. Après quoi, il intègre les résultats. Génial, bien sûr, mais il est souvent inutile d'en demander autant.

SavySearch

http ://cage.cs.colostate.edu :1969/form ?lang=french
- **recherche simultanée des index**
- **de 4 à 18 à la fois**
- **interface en français**

Recherche simultanément dans 4 index, jusqu'à 5 fois si nécessaire ; peut fouiller dans 18 index si le cœur vous en dit, mais attention : l'outil est complexe, et la présentation des résultats plutôt médiocre.

The Internet Sleuth
http ://www.intbc.com/sleuth/
- **1 000 bases de données spécialisées**
- **pour les mordus du mot clé**
- **intègre les formulaires de recherche**

Une immense collection d'index et de banques de données spécialisées dans tous les domaines. Indiquez simplement votre champ d'intérêt et vous obtiendrez une liste des outils de recherche par mot clé spécifiques au domaine. Instrument très utile bien qu'il comporte quelques lacunes.

Search.com
http ://www.search.com
- **la nouvelle trouvaille de C|net**
- **choisissez vos outils préférés**
- **pour les capricieux du mot clé**

Sélectionnez vos outils de recherche favoris parmi une collection de 250 soigneusement classés par sujet. Regroupez-les sur une seule page personnelle. Retournez-y à votre gré pour lancer des recherches.

LA RECHERCHE TOUS AZIMUTS :
LES AUTRES ZONES

Anchorman (newsgroups)
http ://www.ph.tn.tudelft.nl/People/pierre/anchorman/Amn..html
- **accès aux 14 000 forums d'Internet**
- **une ressource simple et utile**
- **recherche par sujet ou par nom**

Anchorman permet d'accéder aux 14 000 forums d'Internet à partir de menus hiérarchiques ou en effectuant la recherche par mot clé. Attention : il faut d'abord ajuster les options du logiciel de navigation si l'on désire consulter les forums en passant par le W3.

Find Newsgroup
http ://www.cen.uiuc.edu/cgi-bin/find-news
- **accès aux forums par le W3**
- **sélection par sujet ou par nom**
- **à moins de préférer NewsWatcher**

Un classique pour dénicher des forums (*newsgroups*). La recherche par mot clé (tirés des noms et des descriptions de forums) procure une liste des forums pertinents. Si votre logiciel le permet, accédez ensuite au forum de votre choix.

DejaNews : recherche dans les forums

http ://www.dejanews.com/forms/dnq.html
- **recherche dans tous les forums**
- **plusieurs façons de filtrer**
- **essayez aussi Alta Vista et InfoSeek**

C'est une chose d'identifier un forum d'intérêt (voyez Anchorman ou Find Newsgroup), c'en est une autre d'effectuer des recherches dans l'ensemble des forums Usenet. Tapez « Chiapas », par exemple, pour dénicher tous les messages récents où figure ce mot.

Usenet FAQ

http ://www.lib.ox.ac.uk/search/search_faqs.html
- **tous les FAQ par forum ou mot clé**
- **des documents en évolution permanente**
- **présentation très sobre (Oxford)**

Rédigés de façon systématique pour répondre aux questions les plus fréquemment posées à propos de chaque forum, les FAQ constituent une immense et magnifique encyclopédie virtuelle en perpétuelle mutation. Allez-y voir avant de poser la même question que 1 000 autres *newbies.*

Gopher Jewels

gopher ://cwis.usc.edu/11/
Other_Gophers_and_Information_Resources/
Gophers_by_Subject/Gopher_Jewels
- **ancienne capitale d'Internet**
- **menu Gopher pur et dur**
- **pour visiter l'Antiquité (avant 1994)**

Éclipsé par le W3, Gopher fut longtemps le principal réservoir d'Internet et ses dédales de menus regorgent encore de millions de textes « anciens » (tout ce qui date d'avant 1994). Gopher Jewels demeure l'une des meilleures entrées pour qui veut flâner parmi les vieilleries.

Veronica

gopher ://gopher.scs.unr.edu/11/veronica
- **recherche par mot clé dans Gopher**
- **pour compléter le W3**
- **surtout pas d'abus**

Pour compléter des recherches sur le W3, il est souvent utile de donner quelques coups d'épée dans l'espace Gopher qui reste un immense réservoir de connaissances. Comme les grands index du W3 n'incluent pas les sites Gopher, Veronica demeure indispensable.

Listes francophones

http://sir.univ-rennes1.fr/LISTES/
- **peu d'entrées quoique soignées**
- **université de Rennes (France)**
- **instructions et archives**

Une centaine de listes francophones émanant surtout de la France sont répertoriées ; elles informent sur les procédures d'abonnements et introduisent dans les archives disponibles. Sujets : la France, la langue, l'histoire, la littérature, l'informatique, les sciences, la cuisine, etc.

Scholarly E-Conferences

http://n2h2.com/KOVACS/
- **listes à haute teneur cérébrale**
- **du sérieux mur à mur**
- **présentation très claire**

L'adresse par excellence pour identifier des listes de discussion à caractère universitaire ou professionnel. Le classement par sujet se lit comme un annuaire de cours universitaires ; on peut aussi bien effectuer des recherches par mot clé.

Liszt (listes)

http://www.liszt.com/
- **répertoire international de listes**
- **description sommaire et instructions**
- **recherche par mot clé**

De loin le plus vaste index des listes de discussion (*mailing lists*) d'Internet, il comporte plus de 37 000 inscriptions au 31 mars 1996 (systèmes listserv, listproc et majordomo confondus). Il fournit les procédures d'abonnement, toujours sans frais.

Publicly Accessible Mailing Lists

http://www.NeoSoft.com/internet/paml/bysubj.html
- **répertoire de listes plus sélectif**
- **classement par sujet (une centaine d'entrées)**
- **pas de recherche par mot clé**

Toujours la même équation : PAML est malheureusement moins exhaustif que Liszt, mais heureusement plus sélectif. À défaut des listes du monde, vous obtenez un choix de ressources soigneusement classées par sujet et une description concise de chacune d'entre elles.

Hytelnet

http ://library.usask.ca/hytelnet/
- **répertoire et accès aux sites Telnet**
- **aussi accessible par Galaxy**
- **toujours utile et jamais facile**

Un tantinet plus complexes que les navigateurs du W3, les liaisons Telnet demeurent indispensables pour accéder aux catalogues des bibliothèques universitaires, et à des centaines de banques de données et babillards publics reliés à Internet. Attention à la marche !

Internet Tools Summary

http ://www.december.com/net/tools/
- **recherche la référence**
- **destiné aux apprentis-sorciers**
- **répertoires très bien documentés**

Un des grands experts d'Internet, John December maintient à jour un répertoire très bien structuré d'à peu près tous les types d'outils disponibles pour la recherche d'information et les communications sur le réseau. Une adresse pour les spécialistes en herbe ou en gerbe.

Actualité
et périodiques généraux

L'ACTUALITÉ AU JOUR LE JOUR

Les manchettes de la Presse canadienne *fr*
http ://xenon.xe.com/canpress/frhlines.htm
- **survol des nouvelles de la veille**
- **limité à l'essentiel**
- **sobre et efficace**

Cinq ou six résumés des principales nouvelles de la veille, choisies par le pupitre de la Presse canadienne. Une des rares sources d'information gratuites en français. La présentation est sobre et efficace. À quand le contenu complet du fil de presse ?

Le Matinternet *fr*
http ://matin.qc.ca/indexcyr.htm
- **seul quotidien québécois**
- **textes complets dans un français douteux**
- **version en multifenêtrage à éviter**

Branché sur le fil de presse de Radiomédia (CKAC), Matinternet offre, entre autres, les manchettes, la météo et les résultats sportifs. Un service d'information quotidienne qui réussit, tant bien que mal, à se passer de journalistes.

Le journal Le Monde *fr* $
http ://lemonde.globeonline.com/
- **la une en format Acrobat**
- **bientôt le journal au complet**
- **lecture rapide**

Téléchargez la une du célèbre quotidien français et consultez-la en vous servant du logiciel Acrobat. Les pages sont lourdes (300 k) et vous devez prévoir jusqu'à dix minutes pour le téléchargement. Le contenu complet du quotidien devrait être en ligne avant la fin de l'année.

Reuters en français   *fr*

http ://www.europeonline.com/intl/reuters/nws_wthr/fnews/
browser/frnews.htm
- **l'actualité française en priorité**
- **beaucoup de contenu tous les jours**
- **incompatible avec Netscape 1.1**

Encore Reuters, mais en français cette fois, avec une sélection
de dépêches axées sur l'actualité française et européenne.
Un défaut de taille, le multifenêtrage n'ajoute rien alors qu'il
empêche bon nombre d'internautes d'accéder à ces pages (la
version 2.0 de Netscape est indispensable).

Revue de la presse française   *fr*

http ://www-rfi.eunet.fr
- **résumé quotidien des manchettes**
- **revue de presse en accéléré**
- **sobre mais intéressant**

Ce résumé des principaux quotidiens français et de leurs éditoriaux est réalisé par les journalistes de Radio-France Internationale. La présentation est terne mais le style, vivant. Un
bon moyen de savoir ce qui se trame chez nos cousins d'outre-
mer.

News Waves de Southam

http ://www.southam.com/nmc/waves/waves.html
- **le meilleur journal canadien**
- **de l'information à satiété**
- **de grands dossiers**

Ce magnifique quotidien électronique offre une couverture complète, détaillée et approfondie de l'actualité. Les articles sont
parsemés de liens hypertextes vers des articles publiés par des
membres de la chaîne Southam et vers des ressources complémentaires disponibles sur le W3. Le News In Depth de
Rogers vaut aussi le détour.

The Globe and Mail

http ://www.globeandmail.ca/live/index.html
- **contenu abondant**
- **priorité aux textes brefs**
- **forums de discussion variés**

Les textes complets de la une du journal et des sections
contenant quelques résumés : Update Canada, The Nation,
World… Offre aussi la une du cahier économique et des forums
de discussion avec les lecteurs. Beaucoup plus de contenu que
la plupart de ses concurrents canadiens.

24 Hour News

http://www.canoe.ca/News/home.html
- **produit de Rogers/Maclean Hunter**
- **textes complets**
- **pas de multifenêtrage**

Une dizaine de textes complets quotidiennement, en provenance de la Presse canadienne, Reuters et Associated Press, et parsemés de liens hypertextes. Une excellente source d'information, supérieure à la Presse canadienne, mais encore et toujours... en anglais.

Associated Press et Reuters

http://www1.trib.com/NEWS/APwire.html
- **nouvelles internationales**
- **remis à jour aux 30 minutes**
- **textes brefs**

Les textes complets de ces deux agences de presse internationales, tels qu'ils arrivent dans les salles de rédaction de la planète. La présentation est ennuyeuse, mais le contenu est renouvelé toutes les 30 minutes. L'accent porte sur les nouvelles américaines.

Le magazine Time Daily

http://www.pathfinder.com/time/daily
- **textes complets**
- **information validée**
- **agréable à consulter**

Libéré des contraintes du papier, le magazine Time produit maintenant une édition électronique quotidienne. Les boulimiques d'informations pourront compléter leurs lectures grâce à un moteur de recherche débusquant la nouvelle parmi les milliers de pages de Pathfinder, le mégasite de la multinationale de l'édition Time Warner.

Les manchettes de Reuters Online

http://www.yahoo.com/headlines/
- **l'actualité vue par les Américains**
- **textes complets**
- **bonne section internationale**

Difficile de passer à côté des dépêches de l'agence de presse Reuters. Complètes, mises à jour à la demie de chaque heure, elles sont reprises sur une bonne dizaine de sites W3. Yahoo! en fait l'une des meilleures présentations, simple et d'accès rapide. Pour une sélection européenne, voir plutôt la version d'Europe Online.

Le New York Times en bref

http ://199.97.97.11 :80/altfax.html

- **les manchettes et le journal complet**
- **rapide et facile à consulter**
- **présentation agréable**

Un résumé en huit pages du New York Times est disponible gratuitement en format Acrobat, cinq jours sur sept. On y retrouve les manchettes des grandes sections du journal : de l'économie aux mots croisés. Le journal complet est aussi disponible sur abonnement (35 $US par mois).

CNN Interactive

http ://www.cnn.com/

- **des nouvelles en abondance**
- **textes brefs**
- **liens hypertextes**

L'adresse des journalistes de CNN… Très costaud. Une bonne source de nouvelles internationales vues d'un œil américain. Il s'agit toujours de textes brefs, mais ils sont souvent accompagnés de liens hypertextes pour qui veut creuser. On y trouve aussi des documents vidéo.

CReAte Your Own Newspaper (CRAYON)

http ://crayon.net/

- **un journal fait sur mesure**
- **des médias surtout américains**
- **une présentation terne**

À partir d'une sélection des organes de presse américains sur le W3, on peut composer son propre journal quotidien, hebdomadaire ou mensuel et le sauvegarder sur son disque dur. Pour lire la sélection, il suffit ensuite d'ouvrir le fichier à l'aide du navigateur et d'activer les hyperliens.

Le Radiojournal de midi *fr*

http ://www.radio.src.ca/nouvelle/

- **bulletin de 10 minutes par jour**
- **qualité sonore douteuse**
- **le seul du genre au Québec**

Avec plusieurs mois de retard sur son grand frère du réseau anglais, la SRC offre, depuis mars 96, la possibilité d'écouter un bulletin de nouvelles – le Radiojournal de midi – en format RealAudio. Le concepteur du site, Bruno Guglielminetti, promet des ajouts.

CBC Radio News

http://www.radio.cbc.ca/radio/programs/news/news.html
- **les manchettes deux fois par jour**
- **60 minutes d'émission**
- **une qualité de son moyenne**

Pendant que la Société Radio-Canada commence à peine à s'intéresser à Internet, la CBC exploite avec brio les possibilités de RealAudio. Les bulletins de 8 h et 17 h sont disponibles sur le réseau quelques minutes après leur diffusion. Les archives sont accessibles.

Les nouvelles en RealAudio

http://www.wrn.org/audio.html
- **accès simple et rapide**
- **les principales stations de radio**
- **le Vatican y a son antenne**

Les bulletins de nouvelles de plusieurs réseaux sont à la portée d'un clic de souris. Écoutez les nouvelles en hongrois, en allemand, en suédois ou... en français grâce au logiciel Real-Audio.

Les journaux sur le Web *fr*

http://www.webdo.ch/webactu/webactu_pressecanada.html
- **répertoire complet et classification soignée**
- **magazines et journaux confondus**
- **parfois un peu lent**

Nul besoin d'être bilingue pour trouver la publication qui vous intéresse. Il suffit de visiter cet excellent répertoire recensé par le magazine suisse *Webdo*. À chaque visite, on s'étonne du nombre de publications ajoutées à la liste.

The Alpha Complete News Index

http://www.select-ware.com/news/
- **médias et agences de presse**
- **peu de graphiques**
- **multifenêtrage excessif**

Tout le charme de cette liste réside dans la finesse des commentaires sur les différentes ressources. Les auteurs, des mordus du surf, ont visité à peu près tous les sites répertoriés. Sans être le plus complet, c'est le répertoire le plus utile.

Le Monde diplomatique *fr*

http ://www.ina.fr/CP/MondeDiplo/mondediplo.fr.html
- **un mensuel de haute voltige**
- **tous les articles au complet**
- **accès totalement public**

Prestigieux mensuel d'analyse politique, le Monde diplomatique est aussi le pionnier du Net parmi les journaux français. On peut consulter sans frais l'ensemble des articles parus depuis janvier 1994 et y faire des recherches par mot clé, par auteur ou par pays.

Pathfinder

http ://pathfinder.com/
- **mégasite parmi les mégasites**
- **des magazines à n'en plus finir**
- **vive la version légère !**

C'est la porte d'entrée des publications et services de Time Warner, l'un des plus gros sites « média » de tout Internet. Accès public à plusieurs des services dont le service des nouvelles (Reuter) et les archives de l'hebdomadaire Time. Surtout une impressionnante collection de magazines bien connus, tous en ligne.

LIFE Photo

http ://www.pathfinder.com/@@DbWMbQAAAAAAAGEI/Life/lifehome.html
- **abondamment illustré**
- **peu d'articles**
- **site attrayant**

Il s'agit d'un tour d'horizon du magazine photo par excellence, le sommaire du numéro en kiosque, quelques reportages et, bien entendu, beaucoup de photos. On le trouve sur le site de Pathfinder, du groupe Time Warner.

Mother Jones

http ://www.mojones.com/mojo_magazine.html
- **contenu abondant et varié**
- **suggestions de liens hypertextes**
- **regard différent sur l'actualité**

Un modèle du genre parmi les magazines progressistes et un site W3 à sa mesure. On y trouve une information abondante et tout à fait différente de celle des médias américains traditionnels. Archives du magazine depuis 1993.

Urban Desires

http ://desires.com/issues.html
- **présentation attrayante**
- **contenu abondant**
- **traitements originaux**

Ce magazine électronique est né en 1995 ; il témoigne des nouvelles tendances (société, technologie, arts, sexe, etc.). De bonne tenue et parfois original. Un successeur éventuel des *The Atlantic* ou *Harper's* ?

Utne Reader

http ://www.utne.com/
- **où l'agora prend tout son sens**
- **contenu abondant et varié**
- **des débats qui brassent**

Ce complément électronique du mensuel *Utne Reader* contient plusieurs textes de cet excellent « *Reader's Digest* de la presse alternative » comme il se plaît à s'appeler lui-même. Le tout est bien présenté et la navigation y est agréable. À visiter : les débats très animés du Café Utne.

Eye Weekly

http ://www.interlog.com/eye/
- **riche**
- **dynamique**
- **initiation à la cyberculture**

Plus qu'un magazine, il s'agit d'une « société virtuelle » : le Hotwired du Canada anglais. Complément électronique de l'hebdomadaire alternatif du *Toronto Eye Weekly*, il présente l'ensemble des articles de la semaine – ce n'est pas peu dire – et de nombreux liens permettant de mieux digérer la cyber-culture.

NewsLink

http ://www.newslink.org/menu.html
- **répertoire incontournable**
- **complet pour les États-Unis seulement**
- **mise à jour régulière**

Le point de départ pour trouver des magazines, des journaux, des radiodiffuseurs, des journaux étudiants et des sites sur le journalisme. Cependant, ce qui n'est pas américain semble secondaire. Ce répertoire présente aussi un site de la semaine et un palmarès.

E-zine-list
http ://www.meer.net/~johnl/e-zine-list/index.html
- **la Mecque des maniaques de revues**
- **une liste de 700 magazines maison**
- **recherche par mot clé**

Plus de 700 magazines maison (ou, en anglais, *e-zines*) sont répertoriés, classés par catégorie et par pays. La mise à jour mensuelle est remarquable. Un *must*.

L'ACTUALITÉ EN MÉMOIRE

Archives de CNN
http ://www.cnn.com/SEARCH/index.html
- **pour recherches rapides**
- **gratuit**
- **outil très américain**

Interface de recherche par mot clé dans les archives de CNN des derniers mois. Il faut toutefois se rappeler qu'on y trouve en majorité des textes courts (sauf pour les transcriptions d'entrevues) et en priorité des nouvelles américaines.

CARL UnCover
http ://www.carl.org/uncover/unchome.html
- **accès par Telnet**
- **17 000 publications indexées**
- **textes complets hors de prix**

Par Telnet faites des recherches parmi les 17 000 publications indexées par la Colorado Association of Research Libraries et obtenez gratuitement les titres, auteurs, sources et dates des articles contenant le mot clé de votre choix. Vous pouvez aussi commander les textes complets par télécopieur, mais à un prix exorbitant.

CEDROM-SNi
http ://www.cedrom-sni.qc.ca/
- **quelques journaux au complet**
- **trop cher pour des individus**
- **la formule Vigilance vaut le coût**

Fournit l'index des articles parus depuis 1985 dans les grands quotidiens québécois et dans quelques magazines. L'abonnement de base est de 10 $ par mois et chaque article coûte 2 $. Le service Vigilance (5 $ par requête) permet de recevoir par courrier électronique les articles contenant un mot clé présélectionné.

General Periodical Index

http://dmcpl.dayton.lib.oh.us/drabin/niso_forms.pp
- **citations et résumés d'articles ;**
- **mieux que CARL et sur le W3 ;**
- **profitez-en pendant que ça passe !**

Ne le dites à personne : on trouve ici une passerelle permettant d'interroger directement, depuis le confort du W3, le très costaud *General Periodical Index* comprenant des milliers de périodiques américains et, surtout, d'en consulter les résumés sans frais. Chut !

Infomart DIALOG

http://www.infomart.ca/
- **excellent outil de recherche**
- **aussi disponible sur CD-Rom**
- **hors de prix pour un individu**

La Cadillac des bases de données selon un tarif d'ailleurs proportionnel ! Il rassemble les textes des principaux quotidiens canadiens et des téléjournaux de CBC et CTV. L'inscription coûte la bagatelle de 175 $, à quoi s'ajoutent 12 $ par mois et des frais pour chaque article téléchargé.

Les archives du New York Times

http://www.nytimes.com/search/archives/index.html
- **coûteux**
- **accès aux archives bientôt**
- **tarification frustrante**

Les archives du New York Times seront bientôt accessibles suivant un tarif qui reste à déterminer. Déjà, les usagers de l'extérieur des États-Unis doivent débourser 35 $ par mois simplement pour pouvoir entrer sur le site W3 du journal.

NlightN

http://www.nlightn.com/
- **recherche simultanée**
- **textes complets payables à l'avance**
- **très facile à utiliser**

Ce puissant outil ratisse des milliers de banques de données privées et publiques (ERIC, Wilson, Library of Congress) à la recherche de votre mot clé. Les références et les résumés sont disponibles gratuitement, tandis que les textes complets sont facturés à la carte (souvent moins de 50 ¢ l'article). NlightN recherche aussi dans le W3 en se servant de Lycos.

Pathfinder Search

http://pathfinder.com/@@XR1L9eFzhglAQGRR/cgi-bin/
taos_mf.pl ?unix

- **du contenu à revendre et gratuit**
- **les textes complets**
- **optez pour la formule *low graphics***

Voilà le point de départ pour accéder aux fleurons de l'écurie
Time Warner (Time, Fortune, Money, People, etc.). La consul-
tation des numéros courants et des archives est gratuite.
Essayez aussi la porte d'entrée principale de Pathfinder.

Wilson Databases $

Telnet ://telnet.hwwilson.com

- **du grand calibre**
- **7 000 magazines différents**
- **un outil de base pour les journalistes**

Cette source extraordinaire de magazines et de publications
spécialisées présente les textes complets disponibles en ligne.
Malgré son prix (50 $ l'heure), la consultation vaut la peine. Un
tuyau : recueillez vos références à l'aide d'Uncover avant de
vous adresser à Wilson.

LES OUTILS DU CHASSEUR D'INFORMATION

Le journaliste québécois   *fr*

http://www.cam.org/~paslap/menu.html

- **des adresses utiles aux journalistes**
- **le point de vue d'un pigiste d'expérience**
- **un peu trop de sections peut-être**

Journaliste indépendant et grand explorateur d'Internet, Pascal
Lapointe a concocté ce carrefour média à l'intention de ses
collègues et de tous ceux et celles que les médias intéressent.
On y trouve bon nombre d'indications et de ressources utiles.
Les pigistes en particulier trouveront un écho à leurs com-
plaintes légitimes !

Reporters sans frontières   *fr*

http://www.calvacom.fr/rsf/

- **état de la liberté de presse**
- **articles de fond**
- **politique internationale**

Cette publication rend compte des dernières nouvelles de l'organisme voué à la défense des journalistes et de la liberté de
presse dans le monde. On retrouve des communiqués et le
rapport annuel de RSF, ainsi qu'un article pour chaque pays
mis en cause.

Investigative Journalism

http ://www.vir.com/~sher/julian.htm
- **fait par un journaliste de Montréal**
- **mise à jour régulière**
- **destiné aux journalistes**

Un excellent point de départ pour les journalistes, notamment ceux et celles qui commencent leur exploration d'Internet. Créé par un journaliste montréalais, ce guide présente les principaux outils de base et porte une attention particulière aux ressources canadiennes.

Internet Sources for Journalists

http ://www.synapse.net/~radio/welcome.html
- **répertoire imposant**
- **conçu pour des journalistes**
- **classification parfois confuse**

Ce mégarépertoire à l'intention des journalistes a été conçu dans une perspective radiocanadienne et pourtant, et pourtant, il n'est qu'en anglais. Bien que la navigation soit un peu ardue, le répertoire est assez complet. Mise à jour régulière.

Reporter's Internet Guide

http ://www.crl.com/~jshenry/rig.html
- **répertoire de ressources**
- **conçu pour des journalistes**
- **faible mise à jour**

Un autre répertoire portant sur une foule de thèmes, qui inté-ressera surtout les journalistes couvrant le milieu américain. Le RIG doit d'abord être téléchargé pour être lu ensuite en mode local. Un précurseur du Furet ? Non, non !

The WWW Library Journalism

http ://www.cais.com/makulow/vlj.html
- **répertoire de ressources**
- **conçu pour des journalistes**
- **mis à jour**

Ce répertoire s'en tient davantage aux ressources d'ordre général et universitaire, ce qui en fait tout de même beaucoup. Il a été mis sur pied par John Makulowich, le pionnier des ressources Internet destinées aux journalistes. Régulièrement mis à jour.

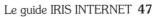

Affaires, économie et finance

Canada NewsWire (bilingue)
http ://www.newswire.ca/
- **fil de presse pancanadien**
- **communiqués du jour et archives**
- **recherche selon divers critères**

Communiqués de presse des entreprises et des institutions canadiennes, y compris le gouvernement du Québec. Sommaire et texte intégral des communiqués de la journée, archives (depuis janvier 1995). Recherche par date, industrie, organisation, sujet, mot clé, etc.

Globe and Mail – Report on Business
http ://www.globeandmail.ca/live/rob_front.html
- **beaucoup de contenu tous les jours**
- **des textes complets et des résumés**
- **présentation intéressante et rapide**

Le quotidien en ligne inclut les textes complets de la première page d'affaire (Front) et un résumé des autres articles du cahier. De là, vous pouvez aussi consulter les autres sections du Globe and Mail.

Business Headlines (Reuters)
http ://www.yahoo.com/headlines/current/business/
- **résumés et textes complets**
- **mise à jour très régulière**
- **pas de recherche dans les archives**

Il s'agit du fil de presse de l'agence Reuters, section affaires : textes complets des dépêches et résumés quotidiens. Diffusé sur le site de Yahoo !, sa présentation est simple et rapide. Plusieurs éditions tous les jours.

CNN Financial News
http ://www.cnnfn.com/news/index.html
- **CNN et affaires : un lien naturel**
- **manchettes, archives, services, etc.**
- **tout est gratuit, quantités illimitées**

CNN déjà à pleine vapeur sur le W3 : textes complets des manchettes de la journée, archives volumineuses (transcription des émissions), informations boursières. Très bons liens aussi vers des services comme Hoover's, Knight-Ridder, etc.

Financial Times (Londres)
http ://www.ft.com
- **du contenu britannique pur et dur**
- **très bon survol quotidien**
- **inscription requise mais sans frais**

Le célèbre journal britannique offre un excellent résumé des principales nouvelles de la journée, le texte complet des articles de la une, ainsi qu'une large sélection de ses dossiers économiques, technologiques ou culturels. On peut aussi y mener des recherches par mot clé.

Fortune :
http ://pathfinder.com/fortune/
- **le magazine entier et les archives**
- **voir la table des matières sur place**
- **totalement gratuit pour l'instant**

Tous les textes du numéro courant (lisez la table des matières), les archives depuis septembre 95, les fameuses listes annuelles (Fortune 500, Global 500) et des dossiers spéciaux. Recherche par mot clé dans Fortune et d'autres magazines (dont Time et Money).

NewsPage : l'actualité par industrie $
http ://www.newspage.com/NEWSPAGE/newspagehome.html
- **l'actualité par secteurs industriels**
- **accès gratuit à plusieurs des textes**
- **une mine d'information spécialisée**

Des milliers d'articles sont quotidiennement classés par secteur industriel. L'accès à tous les résumés et à une partie des textes est gratuit. Le reste se fait sur abonnement (de 4 $ à 8 $ par mois). Un des meilleurs services d'information commerciale d'Internet.

The Economist

http ://www.economist.com/
* **quelques articles du numéro courant**
* **d'autres textes au compte-gouttes**
* **contenu plus costaud prochainement**

Encore prudent sur le W3, The Economist ne livre que le sommaire d'articles sélectionnés dans le numéro courant, son supplément mensuel et quelques-unes de ses fameuses études (*surveys*). C'est déjà bien, mais les éditeurs promettent davantage pour bientôt. À suivre.

Wall Street Journal　$⑤

http ://interactive4.wsj.com/edition/current/summaries/front.htm
* **textes complets, dossiers, etc.**
* **gratuit jusqu'au 31 juillet 96**
* **ensuite sur abonnement annuel**

L'édition interactive du Wall Street Journal comprend désormais tous les textes de l'édition papier et de très riches sections supplémentaires allant de dossiers sur plus de 9 000 entreprises publiques à une couverture éditoriale quasi immédiate de l'actualité financière. Encore gratuit jusqu'au 31 juillet 1996, après quoi il faudra payer 50 $ par année (30 $ si vous êtes déjà abonné au journal *WSJ*).

E-Newsstand : Business　

http ://www.enews.com/business.html
* **kiosque des magazines américains**
* **quelques textes de chaque revue**
* **formulaires d'abonnement**

De Barron's à Worth Magazine, en passant par Forbes et Inc. Ce répertoire offre une grande liste de magazines américains dans le domaine des affaires. La description des publications est accompagnée de quelques textes récents et d'un formulaire d'abonnement pour la version imprimée.

Activité financière et investissement

Bloomberg
http ://www.bloomberg.com/
* **information quotidienne validée**
* **un site immense et très sobre**
* **des professionnels dans la force du mot**

Le site d'information financière de Bloomberg L.P. est l'un des plus complets et des plus costauds d'Internet : tous les jours une abondante couverture de l'ensemble des régions du monde. Voir en particulier les sections de nouvelles et les chroniques (*columns*).

Briefing (Charter Media)
http ://www.briefing.com/
- **analyses et commentaires quotidiens**
- **le marché américain vu de très près**
- **nouvelle firme mais vieux « pros »**

Signé par de vrais professionnels, un excellent bulletin d'analyse et de synthèse qui résume l'activité boursière et rend compte de l'évolution des indicateurs et des principaux mouvements. Tout y est, y compris les faits saillants de la journée en matière économique et politique.

Investor's Business Daily $\mathbb{\$}$
http ://ibd.ensemble.com/
- **brillante réputation et facture salée**
- **essai gratuit pour deux semaines**
- **nécessite Windows pour l'instant**

La version électronique est livrée tous les matins par e-mail (par abonnement : 22,95 $US par mois). La présentation est sophistiquée et l'information complète, mais le répertoire requiert un logiciel maison disponible seulement en format Windows pour l'instant. Inscription sur le site.

L'Actualité financière *fr* (Bourse de Montréal)
http ://www.fondsm.bomil.ca/
- **indices boursiers et notes économiques**
- **informations diverses sur les fonds**
- **contenu utile mais pas très jojo**

Le journal sur les fonds (de son vrai nom) inclut les indices boursiers, les nouvelles économiques du jour, un résumé hebdomadaire et une manne d'informations sur les services de la banque. Un beau geste à signaler : la liste des compétiteurs sur le W3.

The Financial Post
http ://www.canoe.ca/FP/home.html
- **le quotidien financier de Toronto**
- **contenu quotidien très dense**
- **gratuit pour l'instant**

Avec ses articles de la une au complet, des dossiers spéciaux, l'éditorial du jour, les chroniques hebdomadaires, l'actualité et les indicateurs économiques, le Financial Post fait une entrée remarquable dans le Net. Les menus n'apparaissent pas tous sur la page d'accueil, mais vous découvrirez tout ça en vous promenant un peu.

DBC Quote server

http://www.dbc.com/
- **une bonne mixture d'information gratuite**
- **temps réel : 30 $US/mois et plus**
- **site en développement rapide**

Cet autre serveur financier offre un excellent choix de services gratuits, y compris une bonne dose d'information quotidienne, Data Broadcasting Corp. et Business Wire en tête. Les cours en temps réel sont disponibles par abonnement, à compter de 30 $US par mois (NYSE, AMEX and NASDAQ seulement).

PAWWS Quote Server

http://www.secapl.com/cgi-bin/qs
- **très bon service gratuit**
- **bourses canadiennes incluses**
- **données en temps réel : 50 $ par mois**

Ce service est sans frais et sans limites pour les cotations en temps différé, incluant les bourses canadiennes. Le réseau PAWWS –http://pawws.com/top.html– offre aussi d'autres services aux investisseurs : courtage en ligne, information spécialisée (Hoover, DTN , PR Newswire, etc.).

PC Quote

http://www.pcquote.com/
- **service en temps réel disponible**
- **23 $ US par mois et plus**
- **États-Unis et Canada**

Ce site américain offre un service de cotes en temps réel à partir de 23 $US par mois, pour un nombre illimité de requêtes quotidiennes. Tous les titres américains et canadiens sont disponibles : actions, fonds mutuels, marchés monétaires. PC Quote offre aussi un service de gestion de portefeuille.

Quote Server (NETworth)

http://quotes.galt.com/
- **le meilleur service gratuit**
- **Montréal, Toronto, Vancouver, etc.**
- **en différé (15 minutes)**

Le serveur fournit les cours des actions inscrites à toutes les bourses canadiennes et américaines (en temps différé : 15 minutes). Recherche par symbole (*ticker symbol*) ou par compagnie. La présentation est ingénieuse et le service efficace. Voir aussi l'information sur les fonds mutuels.

QuoteCom (Reuter, Zacks)

http://www.quote.com/newsite/home.html
- **Reuter ou Zacks sur abonnement**
- **service gratuit très limité**
- **pas de données en temps réel**

Chez ce grand courtier d'information financière, le service sans frais ne vaut pas grand-chose (5 requêtes par jour, 15 minutes de délai), mais on peut en s'abonnant (de 10 $ à 40 $ par mois), accéder à beaucoup plus, incluant Reuter News ou Zacks Investment Research.

Canada : The Fund Library

http://www.fundlib.com/
- **les fonds mutuels au Canada**
- **rendements et prix quotidiens**
- **une manne d'information spécialisée**

Carrefour d'information sur les fonds mutuels au Canada, The Fund Library inclut un répertoire des firmes et la description détaillée de leurs produits, les indicateurs de rendement quotidiens, un commentaire mensuel et enfin toute une panoplie d'informations complémentaires.

Conversion des monnaies (Xenon Labs)

http://www.xe.net/currency/
- **service de conversion**
- **combien de ceci pour cela**
- **facile à utiliser**

Un service tout simple pour convertir n'importe quelle devise en n'importe quelle autre ou à peu près. Si habituellement 100 $CA font environ 73 $US, ce n'est peut-être pas le cas aujourd'hui !

Fortune 500 / Global 500

http://pathfinder.com/@@a8l6zbEA3gMAQDOL/fortune/
magazine/specials/fortune500/fortune500.html
- **le pavé annuel de Fortune**
- **version électronique complète**
- **recherche selon plusieurs critères**

Du magazine *Fortune*, on trouve la fameuse liste annuelle des plus grandes entreprises industrielles américaines et, en plus, sa jumelle internationale à quelques clics de là. La version électronique inclut toutes les données habituelles et elle peut être consultée selon divers critères.

Hoover's Online $

http ://www.hoovers.com/
- **profils corporatifs par abonnement**
- **information gratuite limitée**
- **la « liste des listes » vaut le détour**

L'accès aux compagnies profiles est réservé aux seuls abonnés (10 $US par mois), mais le site a aussi ses charmes pour le lèche-vitrines. On y trouve, par exemple, une compilation complète des multiples listes dont la presse d'affaire raffole, des Fortune 500 aux 35 plus grandes fortunes d'Amérique.

The Insider (NETworth)

http ://networth.galt.com/www/home/insider/insider.html
- **point de départ pour les investisseurs**
- **tous les types d'information utile**
- **excellent à tous les points de vue**

Il s'agit de loin du meilleur répertoire de ressources pour les investisseurs : la plupart des sites d'information les plus courants, mais aussi les bulletins financiers (*newsletters*), l'information économique, etc. Classement très clair, présentation élégante.

DOCUMENTATION
ÉCONOMIQUE ET GOUVERNEMENTALE

Bulletin économique (Québec) *fr*

http ://www.upc.qc.ca/micst/etat_eco/b_econom.html
- **faits saillants de l'économie du Québec**
- **un bulletin trimestriel**
- **l'histoire officielle**

Actualités conjoncturelles est un bulletin trimestriel qui décrit l'évolution globale de la conjoncture économique au Québec, au Canada et aux États-Unis, ainsi que l'évolution de quelques variables clés (livraisons, ventes au détail, exportations, etc.). Une production du MICST (Gouvernement du Québec).

Données commerciales – Canada et É.-U. *fr*

http ://strategis.ic.gc.ca/sc_mrkti/tdst/frndoc/tr_homep.html
- **import/export : tous les chiffres**
- **par marchandise, industrie, pays, etc.**
- **données pour les cinq dernières années**

Voici un accès direct à des renseignements détaillés sur les tendances du commerce du Canada et des États-Unis : données annuelles (cinq ans) par marchandise ou industrie (importation et exportation) ; recherche par mot clé. Un service très complet d'Industrie Canada.

Données économiques européennes *fr*

http://volans.eo.lu/europages/f/data.html
- **l'économie européenne en chiffres**
- **synthèses, tableaux, graphiques**
- **format Acrobat**

Le service d'informations économiques d'Europages diffuse plus de 100 pages d'analyses économiques (en format Acrobat pour téléchargement) : synthèse des principales tendances du marché, indicateurs sectoriels, tableaux et graphiques. Disponibles en cinq langues.

International Economic Statistics (CIA)

http://www.odci.gov/cia/publications/hes/index.html
- **statistiques économiques (1995)**
- **comparaisons internationales**
- **150 tableaux et des graphiques**

L'économie mondiale apparaît en 150 tableaux comparatifs, de la production agricole à la consommation énergétique. En plus des tableaux, on trouvera une trentaine de graphiques sommaires destinés au téléchargement, un autre généreux service de la CIA. Toutefois, ces chiffres ont été falsifiés !

Penn World Tables

http://datacentre.epas.utoronto.ca:5680/pwt/pwt.html
- **statistiques économiques « macro »**
- **152 pays de 1950 à 1992**
- **interprétation à vos risques**

Ce répertoire fournit une profusion de statistiques économiques de tous les pays, échelonnées de 1950 à 1992 : population, PNB, niveaux des prix, etc. Interface de recherche simple et complète, notes d'introduction. Sur le site de l'université de Toronto.

Trade Law Library

http://itl.irv.uit.no/trade_law/nav/law_ref.html
- **traités et conventions internationales**
- **documentation classée par sujet**
- **accès aux agences et textes intégraux**

Partie d'un vaste projet lié au droit commercial, cette page procure un accès à la plupart des traités commerciaux en vigueur : des textes complets de l'Alena et du traité de Maastricht aux accords internationaux en regard du transport maritime. Un site norvégien (en anglais).

US Business Cycle Indicators

http://www.mlinet.com/bci/bci.html
- **indicateurs sectoriels américains**
- **de 1948 à maintenant**
- **département du Commerce**

Ce serveur regroupe les données historiques des 256 indicateurs qui constituent les US Business Cycle Indicators, publiées par le département du Commerce américain. Dans la plupart des cas, les données sont mensuelles.

WebEc : Resources in Economics

http://www.helsinki.fi/WebEc/
- **immense répertoire en économie**
- **classement très complet**
- **description suffisante des ressources**

La Cadillac des répertoires économiques réside pour l'instant sur ce serveur... finlandais. L'envergure et l'austérité du classement n'ont rien pour séduire les visiteurs pressés. La qualité de l'information devrait néanmoins satisfaire même les spécialistes. Quant aux autres, ils découvriront tout ce qu'il faut pour s'initier, y compris la liste des manuels en ligne....

INFORMATION SPÉCIALISÉE :

PAR SECTEUR INDUSTRIEL

Canada : News Releases by Industry

http://www.newswire.ca/htmindex/industries.html
- **communiqués des entreprises**
- **archivés par secteur industriel**
- **seconde entrée de Canada NewsWire**

Le fil de presse de l'agence Canada NewsWire a été mentionné dans la section sur la presse d'affaire. Cette seconde entrée est un raccourci utile pour consulter les archives d'un seul secteur industriel à la fois. Ce qui semble une intention plus raisonnable.

CommerceNet

http://www.commerce.net/
- **commerce électronique**
- **centre de référence américain**
- **information générale**

Un des plus importants réseaux commerciaux d'Internet, malgré une orientation très américaine. Pour les internautes du Canada ou d'autres pays, c'est surtout l'information abondante sur commerce électronique en général qui justifie le détour.

IndustryNET

http ://www.industry.net/
- **carrefour d'information industrielle**
- **systèmes, équipements, fournisseurs**
- **plusieurs outils de recherche**

Ce site d'information industrielle est le meilleur aux États-Unis ; il s'adresse à tous les professionnels et les consultants en systèmes et opérations manufacturières. Manchettes, nouveaux produits, équipements et systèmes, répertoire des fournisseurs et catalogues des produits figurent parmi les secteurs d'information offerts. Indispensable.

Institut mondial du commerce électronique *fr*

http ://www.ediwi.ca/
- **échanges de données électroniques**
- **information de base**
- **activités et membres de l'Institut**

Situé à Montréal, cet institut constitue un point de référence utile, surtout pour les échanges de données électroniques (EDI). On y trouve un manuel d'introduction, A road map to EDI, le répertoire des membres de l'Institut et des communiqués récents. Certaines sections sont en français.

Stratégis : Industrie Canada en direct *fr*

http ://strategis.ic.gc.ca/frndoc/main.html
- **commerce, technologie, perspectives**
- **répertoires, données, études**
- **service public exemplaire**

Stratégis est un remarquable mégasite d'information industrielle. On y trouve d'abord un répertoire complet des entreprises canadiennes (gamme de produits, marchés, ventes, coordonnées et contacts), des données commerciales détaillées (import/export) et des analyses de secteurs industriels et technologiques. Chapeau !

INFORMATION SPÉCIALISÉE :
PAR ACTIVITÉ PROFESSIONNELLE

Bibliothèque des HEC *fr*

telnet ://biblio.hec.ca
- **accès au catalogue informatique**
- **communication Telnet**
- **consultez les fiches d'aide**

Accès au catalogue d'HECTOR, la bibliothèque de l'école des Hautes Études Commerciales (Montréal). Attention ! cette commande active une communication Telnet à condition que le logiciel approprié soit installé dans votre ordinateur. Inscrivez « biblio » au menu Login :

Business and Economics Ready Reference

http://www.ipl.org/ref/RR/BUS/
- **collection de guides spécialisés**
- **classement par champ professionnel**
- **perspective américaine**

L'Internet Public Library propose ici une sélection de guides spécialisés dans les divers secteurs d'intérêt professionnel. Comme toujours sur le site de l'IPL, il s'agit d'un très bon choix commenté, mais dans une perspective d'abord américaine.

Business resources (IOMA)

http://ioma.com/ioma/
- **ressources Internet pour gestionnaires**
- **classées par domaine professionnel**
- **ressources surtout américaines**

Le site de l'Institute Of Management and Administration inclut un répertoire assez riche des ressources Internet destinées aux professionnels de la gestion. Les ressources sont classées par champ d'activité : stratégie, finance, information, aspects légaux, fabrication, marketing, etc.

Financial Encyclopædia

http://www.euro.net/innovation/Finance_Base/Fin_encyc.html
- **dictionnaire des termes techniques**
- **finance, gestion et technologies**
- **rudimentaire mais pratique**

Même si son interface est primitive – de simples listes alphabétiques – cette encyclopédie fournit une définition de la plupart des termes techniques dans le domaine financier. Sur le site, on trouve aussi un guide et un dictionnaire de la gestion et des technologies. Contribution de consultants européens.

FINWeb

http://www.finweb.com/
- **économie et finance**
- **répertoire scolaire**
- **pour étudiants et professionnels**

Point de départ classique d'un point de vue scolaire et professionnel, FinWeb recense les journaux électroniques des domaines économiques et financiers, les études en cours, les banques de données spécialisées et, enfin, les autres sites W3 d'information financière.

Nijenrode Business Resources

http://www.nijenrode.nl/resources/bus.html
- **recherche d'affaire : la référence**
- **général, professionnel et universitaire**
- **pas de description des sites**

Point de départ pour la recherche en affaire. Très complet au plan des publications générales et des ressources spécialisées par champ professionnel. Pas de classement par industrie et bien peu de description des ressources. D'une université hollandaise.

RÉPERTOIRES D'ENTREPRISES (PAGES JAUNES)

Réseau Québec-Industrie *fr*

http://192.77.70.129/quebec-industrie/francais/hp_queind.html
- **très complet pour le Québec**
- **tri par nom, ville ou produit**
- **serveur souvent au ralenti**

Répertoire des entreprises industrielles du Québec, triées par nom et par ville. Les entrées n'incluent que les coordonnées de base (adresse, téléphone, etc.), mais la banque de données peut également être interrogée sous la rubrique « Produit fabriqué ».

Réseau des entreprises canadiennes *fr*

http://strategis.ic.gc.ca/sc_mrkti/ccc/cc_homepagefr.html
- **répertoire d'Industrie Canada**
- **coordonnées, produits, marchés, etc.**
- **mise à jour et inscription sur place**

Répertoire des entreprises industrielles. Recherche par nom, ville, industrie, etc. Les fiches contiennent les coordonnées, la liste des produits, des indications sur les marchés desservis, les volumes de ventes et d'autres données utiles. Parfois très achalandé.

Big Yellow (NYNEX)

http://www.niyp.com/
- **bottin des entreprises américaines**
- **adresse et numéro de téléphone**
- **recherche par nom, type, région**

Seize millions d'entreprises américaines sont inscrites dans ce bottin interactif du géant américain des télécommunications NYNEX. Le module de recherche permet de retrouver les adresses et les numéros de téléphone des entreprises par nom, par type ou par région.

Central Source Yellow Pages

http ://www.telephonebook.com/

- **pages jaunes des États-Unis**
- **aussi bon que Big Yellow**
- **dix millions de firmes inscrites**

Un autre mégabottin des entreprises américaines où l'on trouve les adresses (postales) et les numéros de téléphone de près de dix millions de firmes. Recherche par nom, numéro de téléphone ou type de produit. Consultation gratuite et navigation facile. En pratique, ce bottin est aussi efficace que celui de NYNEX.

The Web 100

http ://fox.nstn.ca/~at_info/w100_intro.html

- **les poids lourds du W3 américain**
- **hyperliens vers leurs sites**
- **notes sur l'évolution de la liste**

La liste des 100 plus grandes corporations américaines sur le W3, par ordre d'importance, avec un lien direct à l'entrée principale de leur site. Avec le temps, cette liste ressemble de plus en plus à celle des 100 plus grandes corporations américaines tout court.

Arts et culture

Architecture, design et sculpture

Architecture (Virtual Library)
http ://www.clr.toronto.edu :1080/VIRTUALLIB//arch.html
- **1 700 ressources en architecture**
- **recherche par mot clé**
- **académique et professionnel**

Maintenue par l'université de Toronto, cette page de la Virtual Library fait autorité en matière d'architecture, tout comme celle de l'université de Buffalo. À l'usage d'abord des spécialistes et des étudiants, le répertoire exhaustif est mis à jour régulièrement.

ArtServe – le bassin méditerranéen
http ://rubens.anu.edu.au/
- **impressionnante collection d'images**
- **architecture et sculpture**
- **de toutes les époques**

L'histoire de l'art et de l'architecture en 16 000 images bien comptées, dans un grand fouillis d'époques et de styles. Offertes par l'Université Nationale d'Australie, les photos d'archives sont par contre livrées sans commentaire. Voyage au pays des diapositives.

Canadian Architecture Collection (McGill)
http ://blackader.library.mcgill.ca/cac/
- **photos de l'architecture canadienne**
- **introduction historique**
- **textes en anglais, images bilingues !**

Un site à l'université McGill où l'on trouve de vastes archives photographiques. Pour les curieux qui comprennent le *mcgillois*, la section Building Canada offre un aperçu des collections, accompagné d'un minicours d'histoire de l'architecture *coast to coast*.

Medieval Architecture

http://www1.pitt.edu/~medart/index.html
- **églises et châteaux du Moyen-Âge**
- **France et Angleterre**
- **photos et plans des bâtiments**

Images et plans architecturaux, cette fois de la France et de l'Angleterre médiévales. Églises et cathédrales romanes et gothiques, châteaux, monastères, etc. Une très belle exposition thématique qu'on aurait souhaitée plus loquace.

Perseus : l'art et l'architecture de la Grèce

http://www.perseus.tufts.edu/
- **un site exceptionnel**
- **tout pour les études helléniques**
- **du surf de grand luxe**

Perseus est une immense collection de textes, de plans et d'images de l'architecture, de la poterie et de la sculpture de la Grèce antique, sans oublier la littérature. Les textes d'introduction sont très complets. Un site érudit dont la navigation est sophistiquée mais précise. Allez voir les plans de la citadelle de Mycènes ou les magnifiques vases ornés.

SPIRO Architecture Slide Library

http://www.mip.berkeley.edu/query_forms/
browse_spiro_form.html
- **diapositives en architecture**
- **toutes les époques**
- **recherche imprévisible et ardue**

Dans la même veine que ArtServe, Spiro est une vaste collection de diapositives sur l'architecture à travers les âges. Il est assez difficile d'y trouver quelque chose de précis malgré les outils de recherche disponibles. Pour musarder, disons.

LES ARTS VISUELS

L'art contemporain (M.A.C. de Montréal) *fr*

http://Media.MACM.qc.ca/sitewww.htm
- **un répertoire complet en français**
- **mise en relief des nouveautés**
- **présentation soignée**

La Médiathèque du Musée d'art contemporain de Montréal propose cet excellent répertoire des sites W3 en arts contemporains, qui ratisse encore plus large. De la peinture à la vidéo expérimentale, des forums spécialisés aux galeries virtuelles, rien d'important ne manque.

Frida Kahlo et Diego Rivera
http ://www.cascade.net/kahlo.html
- **Kahlo et Rivera, peintres du XXe siècle**
- **des expositions splendides**
- **le Mexique en deux génies**

Deux superbes expositions des toiles de Frida Kahlo et Diego Rivera, sans doute le couple d'artistes le plus célèbre du siècle, à l'égal de Jean-Paul Sartre et Simone de Beauvoir. Sur ces deux pages, mille images : des fresques immenses du Mexique par Rivera aux saisissants autoportraits de Frida.

Le Siècle des Lumières *fr*
http ://mistral.culture.fr/lumiere/documents/musee_virtuel.html
- **peintres français du XVIIIe siècle**
- **œuvres choisies et notes historiques**
- **les rois de France en prime**

L'exposition Le Siècle des Lumières dans la peinture des musées de France présente des toiles d'une centaine d'artistes français du XVIIIe siècle, accompagnées de notes biographiques et historiques. David, Fragonard, Watteau… Sur le site, on trouve aussi l'histoire et la généalogie des rois de France. Chouette, alors !

Le WebMuseum
http ://www.atklab.yorku.ca/wm/
- **un grand musée de la peinture**
- **des toiles de toutes les époques**
- **textes d'introduction et biographies**

Il y manque désormais Picasso, mais les collections du WebMuseum demeurent incontournables, depuis Vermeer et Botticelli jusqu'à Matisse et Kandinski. L'adresse choisie est celle du site miroir à l'université de York dont l'accès est souvent plus rapide qu'en France.

Bengt's Photo Page
http ://math.liu.se/~behal/photo/
- **le meilleur point de départ en photographie**
- **accès à des centaines d'expositions**
- **index immense et austère**

Cette page personnelle passe pour le meilleur point de départ en photographie sur Internet et pour cause. La présentation est très austère et les listes sont trop longues, mais on y trouve des liens vers à peu près toutes les expositions de photos, vers les magazines, les cours, les FAQ, les forums et les sites commerciaux. Mise à jour ? Hier !

La revue PHOTO
http ://www.photo.fr/doisneau/fra/sommaire.html
- **version électronique partielle**
- **index des numéros précédents**
- **de belles images pas toujours sages**

Après la très belle exposition des œuvres de Robert Doisneau, la revue française PHOTO accélère le rythme et présente désormais tous les mois un aperçu plutôt généreux de ses pages. La photo de charme dispute l'espace au photo-reportage international. Comme d'habitude.

Photos du monde (AFP)
http ://www.afp.com/AFP_VF/consulte/cd_files/Photocd.html
- **158 photos célèbres**
- **l'Agence France Presse à son meilleur**
- **devinez la légende et la date**

L'Agence France Presse a rassemblé ici 158 des meilleures images prises par ses photographes. Ces clichés souvent célèbres sont regroupés sous cinq thèmes, de la chronique histo-rique (de 1945 à nos jours) jusqu'à la mode parisienne. Une fois agrandies, les photos sont accompagnées de leur date et d'une légende. Mais devinez d'abord...

Photothèque canadienne
http ://schoolnet.carleton.ca/cdisk/CanadiskImages/
Phototheque.html
- **l'histoire du Canada en photos**
- **2 300 images à télécharger**
- **pour revoir Montréal en 1967**

Une collection de plus de 2 300 images canadiennes, classées par catégorie et époque, empruntées au CD-ROM bilingue Canadisk. Personnages politiques, événements et endroits his-toriques, drapeaux, armoiries, fleurs, montagnes et neige... Le Canada, quoi.

Zonezero
http ://www.zonezero.com/
- **expositions de photos actuelles**
- **des reportages de partout**
- **à tendance sociale et politique**

Magazine virtuel entièrement consacré à la photographie, Zonezero se distingue par des choix éditoriaux tournés vers des thématiques sociales et politiques, et par son caractère international très prononcé. Des barrios mexicains ou des com-munautés maliennes, des photos-vérité qui parlent autant qu'elles plaisent.

All-Movie Guide

http ://allmovie.com/amg/movie_Root.html
- **le guide le plus complet**
- **États-Unis, France, Italie, Québec...**
- **présentation soignée**

Ce guide américain recense plus de 131 000 films de tous les pays, avec tous les renseignements habituels, le classement du film et souvent un résumé bien ficelé de l'intrigue. Recherche par titre, réalisateur, nom d'acteur ou d'actrice, etc. Une réalisation impressionnante à tous les points de vue.

Cinéma Sites

http ://www.webcom.com/~davidaug/Movie_Sites.html
- **guide complet des sites en cinéma**
- **présentation austère**
- **pour cinéphiles convaincus**

Un triomphe du contenu sur le style, ce répertoire du 7e art manque de fini, mais il n'a pratiquement pas de fin ! Comédiens et producteurs, festivals et magazines, tout y est. Aussi intéressant et sûrement moins laid, CinéMedia vaut aussi le détour.

Film.com

http ://www.film.com/film/
- **un des plus grands sites américains**
- **s'intéresse aussi au cinéma « étranger »**
- **mise en scène raffinée**

Mégasite américain du cinéma (une expression prédestinée), Film.com impressionne par ses qualités visuelles et l'ampleur de ses contenus. Nouvelles de l'industrie, critiques des films à l'affiche, annonces et répertoires, tout y est pour le bonheur des cinéphiles.

France Cinéma Multimédia

http ://www.imaginet.fr/~fcm/
- **des séquences vidéo en entrée**
- **des articles de revues françaises**
- **un bon choix de liens externes**

Un site promotionnel très innovateur qui présente des clips vidéo dès la première page (bandes annonces des nouveaux films français). On y trouve ensuite des articles des revues Écran Total et Grand Écran, et enfin un très bon choix de liens en cinéma. Attention ! le chargement initial est assez laborieux.

La Page des amateurs de cinéma maison *fr*

http ://www.megatoon.com/~mblais/
- **films à l'affiche, nouveautés, critiques**
- **pour les amateurs du Québec**
- **simple et sympathique**

La page personnelle de Martin Blais n'a pas l'éclat des grands sites américains, mais c'est une véritable mine d'or pour les amateurs du Québec. On y trouve, sans grand décorum, la liste des films à l'affiche à Montréal et Québec, les nouveautés en vidéocassette, les succès du box-office et des critiques maison affichées par les internautes les moins timides.

ONF Internet *fr*

http ://www.onf.ca/F/4/2/index.html
- **cinéma québécois et canadien**
- **banque de données très complète**
- **Office national du film**

Tout sur le cinéma québécois et canadien, et plus encore. Fouillez parmi les 9 000 titres de l'Office national du film, dont 3 200 titres peuvent être visionnés à la CinéRobothèque de Montréal. On peut y faire des recherches par série, titre, comédien, auteur et réalisateur.

Premiere Magazine

http ://www.premieremag.com/hfm/index.html
- **sélection d'articles récents**
- **nouveautés, festivals, galas**
- **moins beau que la version « papier »**

La version Internet du magazine américain offre une sélection d'articles et d'entrevues, et des chroniques sur les nouveaux films et les festivals. En se promenant sur le site, on trouve, par exemple, une entrevue (en anglais) avec la comédienne française Isabelle Adjani.

The Internet Movie Database

http ://www.msstate.edu/Movies/
- **excellent guide du cinéma mondial**
- **œuvre collective**
- **participez à l'évaluation des films**

L'un des sites célèbres d'Internet, cette immense base de données sur les films et ses artisans est l'œuvre collective de milliers d'internautes passionnés par le 7e art. Quant à la richesse de l'information et aux possibilités de recherche, c'est l'égal du All-Movies Guide. L'enthousiasme en plus.

L'écho de la danse
http ://www.Generation.NET/~crusoe/danse.html
- **un point de départ québécois**
- **des sites bien choisis**
- **liens vers d'autres répertoires**

Une des pages de Croque-culture, L'écho de la danse rassemble une douzaine de sites dédiés à la danse (québécois, français et internationaux) dans une présentation agréable. Pour aller au fond des choses (mais en anglais), voyez l'excellent Dance Links ou l'incontournable Virtual Library.

Théâtre : les sites québécois
http ://www.toile.qc.ca/quebec/qcart_th.htm
- **les sites québécois en théâtre**
- **peu nombreux mais bien réalisés**
- **aussi un site pour les textes**

La Toile du Québec regroupe l'ensemble des sites québécois en théâtre, encore peu nombreux mais souvent très bien réalisés (voir, par exemple, celui de la Compagnie Jean Duceppe). Théâtrales, un site universitaire encore bien limité, procure pour sa part un accès à des textes dramatiques numérisés (Molière, Racine, Marivaux…).

Theatre Central
http ://www.theatre-central.com/
- **tout sur le théâtre**
- **surtout américain**
- **présentation originale et soignée**

D'apparence sympathique mais finalement assez costaud, Theatre Central répertorie à peu près tout ce qui se fait dans le domaine théâtral d'Internet. Il s'agit surtout de sites américains, bien sûr, mais de rares adresses canadiennes et québécoises y figurent aussi.

LITTÉRATURE

ABU : Textes électroniques français
http ://web.cnam.fr/ABU/
- **des œuvres littéraires en français**
- **Molière, Diderot, Voltaire, Sartre, etc.**
- **textes complets à télécharger**

L'équivalent français du projet Gutenberg, le site de l'Association des Bibliophiles Universels (ABU) est une banque de textes francophones qui prend de l'ampleur. De Molière à Queneau, faites vos choix et téléchargez sans frais. Vous pouvez aussi offrir vos services pour transcrire vos textes préférés. Qui s'occupera de Proust ?

Bande dessinée (Toon's Land)

http://alpha.univ-lille1.fr:28080/~gp172/toonland.html

- **la référence pour la BD en français**
- **Manara, vous connaissez?**
- **Hergé peut-être?**

La BD sur le W3, il y en a pour tous les goûts : de Hergé à Manara, en passant par la panoplie sans fin des super-zéros américains. Toon's Land est une bonne case de départ pour la BD francophone. Pour l'Europe en général, voyez European Comics on the Web. Et pour trouver des phylactères amerloques, pointez vos navigateurs sur la très riche Comics Hotlist.

Florilège : la poésie française *fr*

http://www.ambafrance.org/FLORILEGE/index.html

- **des poèmes de toutes les époques**
- **je sais bien qu'on s'en moque...**
- **mais diantre! où est mon *bock*?**

D'Apollinaire à Villon, une belle sélection d'œuvres poétiques de toutes les époques. « Florilège » vient du latin *flos* (fleur) et *legere* (choisir) ; autrement dit : butiner ! Voilà une métaphore peut-être plus appropriée que celle du surfing pour décrire comment on se déplace sur le W3... Alors butinez sur la toile les amis !

L'hyperfiction (Hyperizons)

http://www.duke.edu/~mshumate/hyperfic.html

- **littérature expérimentale**
- **utilisent à fond les potentiels du W3**
- **effets secondaires encore inconnus**

Les liens hypertextes ne servent pas qu'à tisser des pages W3 et des encyclopédies sur CD-ROM, des écrivains les utilisent aussi pour renouveler la façon d'écrire la fiction. Est-ce la fin des genres littéraires traditionnels? Allez voir sur Hyperizons ce qui se fait dans les laboratoires d'écriture. Pour l'hyperfiction québécoise, jetez un coup d'œil à *La part entière* de Francis Carle et Luc Courchesne.

Pages françaises de science-fiction *fr*

http://sf.emse.fr/

- **la science-fiction en français**
- **une des passions d'Internet**
- **beaucoup de matériel**

Au début des années 70, le premier groupe de discussion sur le réseau qui allait devenir l'Internet traitait... de science-fiction. Dans le domaine français, ce site est aujourd'hui la meilleure rampe de lancement. En anglais, le méga Science Fiction Resource Guide permet d'explorer un univers encore plus vaste.

Projet Gutenberg

http://jg.cso.uiuc.edu/PG/welcome.html
- de *La République* au *Manifeste*
- **du texte pur et dur sans fioritures**
- **tout en anglais et tout gratuit**

Le classique de la numérisation des textes : on y rend disponibles depuis déjà plusieurs années des centaines de livres virtuels (littérature classique, essais, etc.) du domaine public. Les textes intégraux peuvent être sauvegardés gratuitement sur votre disque dur. Qui ne rêve d'avoir tout Platon sur son DD ? Non ?

Sites littéraires en français (ClicNet)

http://www.swarthmore.edu/Humanities/clicnet/
litterature.0.html
- **un index très complet**
- **le meilleur de ClicNet**
- **des textes inédits**

ClicNet, le répertoire francophone de l'universitaire américaine Carole Netter, n'est pas toujours aussi éloquent. Toutefois, ses pages littéraires sont exceptionnelles et donnent accès à presque tous les sites francophones dignes d'intérêt. ClicNet publie même des textes inédits de Roland Barthes, Marguerite Duras, Leïla Sebbar... À voir absolument.

Textes électroniques (université de Virginie)

http://www.lib.virginia.edu/etext/ETC.html
- **immenses archives de textes en anglais**
- **un peu en français aussi**
- **et même des textes en japonais**

Un site exhaustif à souhait pour trouver à peu près tout ce qu'il y a de disponible comme textes électroniques en anglais sur le réseau. L'archive contient aussi des liens intéressants vers des textes français, allemands, japonais, voire même latins ! *Alea jacta est !*

MUSIQUE

Addicted to Noise

http://www.addict.com/ATN/
- **le meilleur magazine rock en ligne**
- **l'actualité du rock**
- **du nouveau tous les jours, même le dimanche**

Le contenu est riche, la présentation éclatée et on peut fouiller dans les archives à volonté. Des entrevues, des nouvelles, des recensions et une collection impressionnante d'extraits sonores. On peut même commander ses DC par le biais d'ATN.

Audiogram

fr

http ://www.audiogram.com/

- **les artistes sous étiquette Audiogram**
- **un bon endroit pour goûter au CDLink**
- **des dizaines d'échantillons sonores**

Le site de la compagnie de disques Audiogram fera le bonheur des fans des Paul Piché, Beau Dommage, Daniel Bélanger et consorts. Un bel exemple d'utilisation de la technologie CDLink qui permet de créer un lien de commande entre les pages W3 et votre lecteur CD. Essayez-le pour voir.

Chanson d'expression française

fr

http ://www.accent.net/lanevill/chanfran/chanfran.htm

- **un site agréable et sans prétention**
- **un contenu rafraîchissant**
- **économie de graphiques**

Un tour guidé des grands bâtisseurs de la chanson québécoise, réalisé avec tact et finesse. On y trouve des biographies, des chroniques, une histoire de la chanson au Québec, le tout agrémenté d'échantillons sonores. Des textes courts et bien ficelés.

Classics World

http ://classicalmus.com/

- **recherche par mot clé**
- **des dizaines d'extraits sonores**
- **pas de graphiques inutiles**

Une vitrine de musique classique doublée d'un magasin de disques. Tout sur les compositeurs, les interprètes et les enregistrements disponibles auprès de quelques majors de l'industrie de la musique (ECM, BMG, Victor RCA).

French Music Database

fr

http ://www.sirius.com/~alee/fmusic.html

- **inégal mais non dépassé**
- **entretenu bénévolement par un Américain**
- **un bon point de départ pour la chanson**

C'est à un étudiant de Berkeley en Californie, Anthony Patrick Lee, que l'on doit la plus imposante banque de données sur la musique d'expression française. Ne manquez pas son excellente collection de liens vers d'autres sites musicaux et sa recension des nouveautés de la chanson francophone à travers le monde.

Jazzman

http ://www.odyssee.net/~jazzman/jazz.html#jazz
- **peu de ressources mais bien choisies**
- **quelques ressources en français**
- **les adresses sont commentées**

La liste de Jazzman n'est peut-être pas la plus complète, mais il s'agit d'une bonne sélection de ressources en jazz. Le choix est éclectique, varié et constitue un bon point de départ pour la découverte du jazz sur Internet.

Les inrockuptibles *fr*

http ://www.francenet.fr/inrock/
- **une belle réussite sur le W3**
- **quasiment mieux que son frère de papier**
- **un défaut : les textes sont trop longs**

Le grand magazine français du rock'n'roll a sa page W3, fort belle d'ailleurs. Des dépêches, des entrevues, des photos qui donnent envie de vous procurer la version papier du magazine.

Music Resources

www.siba.fi/Kulttuuripalvelut/music.html
- **du jazz à l'ethnomusicologie**
- **un point de départ incontournable**
- **musique classique surtout**

Ce mégarépertoire de ressources musicales mis sur pied par l'Académie Sibelius recense un nombre incroyable de ressources musicales sur le W3, depuis la musique sacrée jusqu'au rock 'n' roll. Les ressources ne sont malheureusement pas commentées.

Musique Plus *fr*

http ://WWW.MusiquePlus.COM/
- **un bon complément de la station**
- **des entrevues et des dossiers**
- **la grille horaire des émissions**

En plus de la grille horaire de ses émissions, Musique Plus nous offre des entrevues et des dossiers préparés en collaboration avec La jeune Presse. Une série de fichiers Quick-TimeVR permet de faire une visite guidée de la station, mais c'est de la petite bière à côté de ceux qu'on peut obtenir sur MuchMusic.

On-line music database

http ://www.roadkill.com/~burnett/MDB/
- **le répertoire le plus complet**
- **de tout pour tous les goûts**
- **du texte et... beaucoup de liens**

Vous cherchez de l'information sur un musicien ? Cette banque de données vous offre sa discographie et les liens vers les autres ressources pertinentes. La présentation ennuyeuse est compensée par un contenu très riche. Sa liste des ressources musicales sur le W3 est tout simplement renversante.

The Jazz Central Station

http ://jazzcentralstation.com/
- **surenchère d'éléments graphiques**
- **des entrevues avec les artistes**
- **présentation un peu kitsch**

De l'information sur les artistes, des enregistrements, des informations plus générales. Le magazine Key Notes y présente des entrevues avec les célébrités de l'heure, ainsi que des extraits d'entrevue en RealAudio. À ne pas manquer : la collection de disques des grandes marques du jazz (Blue Note, Verve, JVC).

The Ultimate Band List

http ://american.recordings.com/wwwofmusic/ubl/ubl.shtml
- **tous les groupes rock... ou presque**
- **un puissant engin de recherche**
- **un excellent répertoire**

Les recherches par mot clé dans ce puissant répertoire vous élèveront au septième ciel. On y trouve de tout : discographie, liens vers les sites les plus pertinents, références, biographies. Bien que majoritairement en anglais, il reste indispensable.

Underground Music Archives

http ://www.iuma.com/IUMA-2.0/lf-home.html
- **un « classique » de la musique alternative**
- **des échantillons sonores en quantité**
- **le *top ten* des internautes vaut le détour**

La Mecque des groupes rock alternatifs. Des mégaoctets d'échantillons sonores, en plus d'une liste impressionnante de magazines rock et de liens pertinents. Les groupes alternatifs canadiens disposent aussi d'un excellent site.

Canada : les sites culturels

http ://www.culturenet.ucalgary.ca/db/indexfr.html

- **très bon répertoire canadien**
- **le Québec en fait partie**
- **recherche par mot clé**

Répertoire complet et bien conçu des sites W3 d'organismes culturels canadiens, CultureNet ratisse des domaines aussi variés que le design, l'architecture, la danse ou le cinéma. La page d'accueil est en français (ou presque…), mais les descriptions de sites sont dans une autre langue officielle.

Croque-Culture

http ://www.generation.net/~crusoe/culture.html

- **répertoire sélectif et sympathique**
- **Québec et francophonie d'abord**
- **mise à jour ?**

Pas la plus grande liste au monde, mais un style rafraîchissant et une sélection bien faite. Croque-Culture recense les sites québécois et francophones en priorité et puis quelques points de départ internationaux. Excellent pour dénicher des expositions d'artistes indépendants ou des pages consacrées à votre actrice préférée.

Culture (France Pratique)

http ://www.pratique.fr/net/culture/

- **visite guidée des sites culturels**
- **de l'architecture à la photographie**
- **agréable et sympathique**

Au mépris des listes exhaustives, les rédacteurs de France Pratique proposent une visite guidée de sites culturels triés sur le volet. Textes agréables à lire et parsemés d'illustrations. La page sur l'architecture en particulier vaut le déplacement.

Essential Art History

http ://rubens.anu.edu.au/imageserve/reference/eah/index.html

- **vocabulaire de l'art**
- **… ou de la peinture gestuelle**
- **trouvez-y la définition du kitsch**

La version électronique de cette encyclopédie laisse encore à désirer, mais les auteurs australiens promettent d'y ajouter prochainement de nombreuses illustrations. En attendant, c'est déjà un bon dictionnaire des techniques, des écoles et des mouvements de l'histoire de l'art occidental.

Fine Art Forum

http ://www.msstate.edu/Fineart_Online/art-resources/
index.html
- **référence complète et descriptive**
- **site homogène, navigation facile**
- **mais attention ! longues listes de A à Z**

Un modèle du genre et sans doute, le meilleur répertoire artistique d'Internet. Tout y est : musées et expositions, bulletins et magazines en ligne, guides régionaux et répertoires d'artistes, festivals, écoles, marchands de matériel d'artiste, etc.

World Wide Arts Resources

http ://www.concourse.com/wwar/default.html
- **répertoire exhaustif**
- **tous les domaines artistiques**
- **ressources commentées**

Un autre important carrefour des beaux-arts sur Internet, avec des répertoires impressionnants d'expositions virtuelles de peinture, sculpture, photographie, lithographie et installations. Les sites y sont classés en ordre alphabétique et toujours dûment commentés.

Les musées du Vatican (Christus Rex)

http ://www.christusrex.org/
- **les splendeurs du Vatican**
- **fresques, monuments et sculptures**
- **des images d'une grande beauté**

Christus Rex abrite un musée virtuel d'une richesse inouïe, avec des photographies exceptionnelles de la Cité du Vatican : ses monuments, places et sculptures, la chapelle Sixtine ornée des fresques de Michel-Ange (300 images) et son célèbre et magnifique musée du Vatican (600 images, mon père). À couper le souffle !

Trésors de l'art mondial

http ://sgwww.epfl.ch/BERGER/index_francais.html
- **trésors culturels de l'humanité**
- **Europe, Egypte, Japon, Chine**
- **visite superbe d'un temple égyptien**

Puisant à même les archives photographiques et les textes de l'essayiste Jacques-Édouard Berger, le Musée des arts décoratifs de Lausanne a constitué ce site voué tout entier « à la découverte et à l'amour de l'art ». Six parcours sont proposés dont l'exploration du temple égyptien d'Abydos, une merveille où vous attendent Isis et Osiris.

Tous les musées (Virtual Library)
http ://www.atkinson.yorku.ca/vlmp/
- **la référence, malheureusement**
- **parce qu'elle est très complète**
- **mais pas très jolie**

Comme d'habitude, la Virtual Library n'oublie pas grand-chose. Et comme d'habitude, la présentation est bien piètre. Mais, pour une fois, les francophones sont choyés : la page des musées canadiens est en effet disponible en français.

Bibliothèques, gouvernements et lois

GOUVERNEMENTS ET AGENCES INTERNATIONALES

Gouvernement du Québec
http ://www.gouv.qc.ca/index.html
- **la porte d'entrée de tous les ministères**
- **bon tour d'horizon du gouvernement**
- **site en perpétuelle constitution**

Cette porte d'entrée principale procure des liens vers l'ensemble des sites gouvernementaux, y compris la page du Premier ministre et celles de l'Assemblée générale. Un raccourci pratique : la liste des ministères et organismes est accessible sur le W3.

Gouvernement du Canada
http ://canada.gc.ca/main_f.html
- **survol du Canada**
- **liens vers les ministères et les organismes**
- **plutôt bilingue**

Modèle du genre, le site principal du gouvernement fédéral propose une information de base abondante (survol du Canada, principaux programmes fédéraux, etc.), mais aussi l'accès aux sites parfois très riches des institutions, ministères et organismes fédéraux. Une entrée à peu près équivalente est celle du Projet Canada Ouvert.

Communications Québec
http ://www.comm-qc.gouv.qc.ca/
- **les annonces officielles du gouvernement**
- **des guides de base pour les citoyens**
- **vraiment pas un *cool* site of the day…**

On trouve ici les communiqués de presse récents du gouvernement du Québec et quelques guides thématiques à l'usage des citoyens : bébé arrive, changer d'adresse, fonder une entreprise, etc.

The Federal Web Locator
http ://www.law.vill.edu/fed-agency/fedwebloc.html
- **organismes publics et parapublics**
- **agriculture, commerce, défense...**
- **... transport, trésor, vétérans**

Un excellent répertoire des instances et des agences gouvernementales américaines et un bon moyen, par la même occasion, de s'y retrouver dans un dédale administratif qui trouve
ici un semblant d'ordre. Une autre entrée tout aussi complète,
plus sobre, est celle de la Virtual Library.

L'Union européenne
http ://www.cec.lu/
- **bon survol de l'union européenne**
- **bien structurée**
- **toujours en anglais et parfois en suédois**

Porte d'entrée de l'Union européenne. Les institutions, l'agenda
politique et la nature du parlement sont bien résumés. À certains endroits, on vous offre l'information en onze langues.
Vous y apprendrez qu'au Conseil de l'Union européenne, la
France a droit à 10 votes, comparativement à 3 pour la Finlande... Équité oblige !

Genève international
http ://geneva.intl.ch/geneva-intl/
- **Genève et ses organismes**
- **clair, net et précis**
- **accès par thème, mots clés, géographie**

Genève, centre du monde. Ça semble encore plus vrai en
visitant ce site : 260 institutions s'y côtoient, des 67 agences
de l'ONU aux 158 organisations non gouvernementales. On
peut s'informer sur l'Académie internationale de la céramique,
s'il le faut, et même la situer sur une carte du Canton de
Genève.

Nations Unies
http ://www.undcp.org/unlinks.html
- **l'ONU dans toute son envergure**
- **présentation austère (à la Virtual Library)**
- **mise à jour fréquente**

Le site officiel de l'ONU est le plus complet sur l'organisme et
ses institutions (ce qui n'est pas toujours le cas). Attention !
c'est un document costaud, avec des centaines de liens. Vous
y trouverez aussi bien un centre italien de recherche en génétique qu'une commission américaine sur le statut de la femme.

Ariane, de l'université Laval

telnet ://ariane.ulaval.ca
- **communication Telnet**
- **la maîtrise exige un peu de pratique**
- **une ressource courue**

C'est la porte d'entrée du catalogue de la bibliothèque de l'université Laval. Attention ! cette commande active une communication Telnet à condition que votre ordinateur soit muni du logiciel approprié. Inscrivez « Ariane » au menu Login.

Atrium, de l'université de Montréal

telnet ://public@atrium.bib.umontreal.ca :23
- **communication Telnet**
- **les 21 bibliothèques de l'UdeM**
- **prévoir du temps pour s'y habituer**

Cette entrée donne accès à l'ensemble des catalogues des 21 bibliothèques du réseau de l'université de Montréal. Attention ! cette commande active une communication Telnet à condition que le logiciel approprié soit intégré à votre ordinateur. Inscrivez « public » au menu Login.

Badaduq de l'UQAM

http ://www.bib.uqam.ca/Service/BADADUQ.html
- **la porte d'entrée pour Badaduq**
- **il faut du temps pour s'y habituer**
- **communication Telnet**

La porte d'entrée du catalogue de la bibliothèque de l'Université du Québec à Montréal : on vous fournit toutes les explications pour activer une communication Telnet. Assurez-vous que votre ordinateur soit muni du logiciel approprié.

Les bibliothèques de CÉGEP

telnet ://fedecegeps.qc.ca/
- **communication Telnet**
- **il faut du temps pour s'y habituer**
- **utile en guise de complément**

Cette entrée donne accès au catalogue collectif des bibliothèques des CÉGEP québécois. Attention ! cette commande active une communication Telnet à condition que le logiciel approprié soit intégré à votre ordinateur. Inscrivez « renard » au menu Login.

Les bibliothèques (Québec)

http://alize.ere.umontreal.ca/~vervillj/bib.html
- **la page de Jean-Luc Verville**
- **complet**
- **très bon en ce qui concerne le Québec**

La page des bibliothèques de Jean-Luc Verville (Ze Web) contient toutes les informations requises pour accéder aux bibliothèques québécoises dont les mots de passe à inscrire au menu Login. Son répertoire des bibliothèques françaises laisse par contre à désirer. Essayez plutôt les bibliothèques francophones.

La bibliothèque nationale de France *fr*

http://www.bnf.fr/
- **dix millions d'accès indexés**
- **le serveur est lent**
- **des expositions sur le site W3**

En plus de donner accès à l'index de ses deux millions de documents, le site de la Bibliothèque nationale de France présente une magnifique exposition d'enluminures du Département des manuscrits. Les recherches se font par le biais d'une communication Telnet. Assurez-vous d'abord que votre ordinateur soit muni du logiciel approprié.

Bibliothèques francophones

http://fllc.smu.edu/frlib/francophonelib.html
- **du bonbon**
- **des commentaires judicieux**
- **bien structuré**

Ce répertoire remarquablement structuré et commenté présente les bibliothèques francophones de France, de Belgique, de Suisse et du Canada. Il donne non seulement les adresses, mais aussi les indications qui permettent de se brancher (Telnet et codes d'accès). Tout est en anglais, hélas.

Bibliothèque du Congrès américain *fr*

http://lcweb.loc.gov/z3950/mums2.html
- **pas de communication Telnet**
- **monumentale documentation**
- **plus de 50 millions de volumes**

Convient si vous aimez les mégabibliothèques. On peut y faire de la recherche par mot clé dans les champs titres et noms de l'index des livres de la Library of Congress. Pour passionnés seulement. La recherche se fait par le biais du W3 et ne nécessite pas l'établissement d'une communication Telnet.

Library WWW Servers

http ://sunsite.berkeley.edu/Libweb/
- **liste à peu près complète**
- **aucune description**
- **classée en ordre alphabétique**

C'est le plus gros des répertoires de bibliothèques et aussi le plus sympathique à parcourir. Il donne accès aux sites W3 des bibliothèques à travers le monde, mais il ne fournit aucune description. Très utile, surtout si vous savez ce que vous cherchez.

L'ÉTAT DU SAVOIR

ATLAS, DICTIONNAIRES ET ENCYCLOPÉDIES

Dictionnaire français-anglais

http ://mlab-power3.uiah.fi/EnglishFrench/avenues.html
- **lourd et donc parfois très lent**
- **complet**
- **d'usage facile**

Vous entreprenez ici un voyage sans fin dans le monde de la traduction automatique. Le serveur, situé en Finlande, a le défaut d'être lent. Certains mots sont accompagnés d'un clip audio en format .aif.

Dictionnaire de citations

http ://www.columbia.edu/acis/bartleby/bartlett/index.html
- **citations connues et oubliées**
- **... et quelques oublis pardonnés**
- **beaucoup d'auteurs anglophones**

Mégadictionnaire de citations célèbres d'auteurs connus et méconnus. Sympathique, rapide, mais en anglais. Surfez d'une citation à l'autre (de celle de Montaigne en 1550 sur la nature humaine inconsistante à celle de Plutarque en l'an 50 av. J.-C. sur le même thème). De grands oubliés, dont Socrate et son disciple Platon.

Dictionnaires

http ://www.ift.ulaval.ca/utilitaires/dictionnaires.html
- **un bon répertoire**
- **50 dictionnaires, c'est un bon début**
- **et quoi d'autre encore ?**

Un bon point de départ pour retrouver près d'une cinquantaine des dictionnaires en ligne. L'accès est rapide et efficace. La plupart traduisent de l'anglais à plusieurs langues, du hongrois au japonais, en passant par le russe et le français.

Téléinformations linguistiques

http ://ntic.qc.ca/cscantons/teleinformations/teleinfo_
avant-propos.html
- **un guide du bon français**
- **une collection de pièges linguistiques**
- **le serveur est plutôt lent**

Cet excellent guide recense 500 erreurs relevées dans les textes des étudiants de l'École des Hautes Études commerciales et propose les formulations correctes correspondantes. Un conseil : optez pour le téléchargement sur votre ordinateur plutôt que pour la consultation sur place.

Tous les dictionnaires

http ://www.bucknell.edu/~rbeard/diction.html
- **tout y est**
- **des ressources entièrement gratuites**
- **idéal pour les linguistes**

Cet immense répertoire offre un choix de dictionnaires en 52 langues, depuis la langue celte jusqu'au swahili, en passant par l'allemand et l'espagnol. Les dictionnaires français sont inexistants, mais on y trouve un bon choix de dictionnaires français/anglais.

Le Service d'information de l'Atlas national

http ://ellesmere.ccm.emr.ca/
- **une bonne source d'information**
- **des statistiques sympathiques**
- **un bon jeu de connaissances**

Vous cherchez où se situe le lac Simon ? D'un simple clic, vous l'obtenez sur une carte régionale ou nationale. On peut visionner les cartes vendues par l'organisme gouvernemental ou jouer à élaborer une carte géographique sur mesure.

Britannica Online $

http ://www-pf.eb.com :88/cgi-bin/splash
- **rapide et puissant**
- **mieux qu'un CD-ROM**
- **période d'essai gratuit**

On peut s'abonner à la célèbre encyclopédie gratuitement pour une période d'essai de quelques mois sans se faire harceler. Lié au mégasite Pathfinder, Britannica Online est une bénédiction pour les travaux scolaires.

DeLorme Mapping $

http ://www.delorme.com/
- **la carte géographique à son meilleur**
- **accès gratuit aux cartes de l'actualité**
- **par état, ville... ou code postal !**

Service commercial de cartes géographiques. Accès public à une partie de l'ensemble, particulièrement aux cartes liées aux événements de l'actualité. Un exemple : une carte montrant Salawesi, ville d'Indonésie ravagée par un tremblement de terre le 1er janvier 1996.

Atlas routier des États-Unis

http ://www.mapquest.com/
- **États-Unis : atlas absolument complet**
- **les routes, musées, commerces**
- *zoomez* **sur le carrefour de vos rêves**

Vous cherchez une ruelle américaine en particulier ? Voici l'atlas qu'il vous faut. Les États-Unis au grand complet, des autoroutes aux moindres villages perdus. Les noms et les numéros des routes, les points d'intérêt et les commerces sont indiqués sur demande. Procédez par zooms successifs jusqu'au millimètre près.

Pitsco's Launch to ask an expert

http ://www.pitsco.com/ask.html
- **experts en tout, toujours là pour vous**
- **excellent service de référence**
- **on a toujours besoin d'un expert**

Vous cherchez un expert en astronomie, ou sur les Amish, un expert banquier ou bijoutier ? Prenez quelques minutes pour visiter ce site qui vous y conduira et celui-ci se fera un plaisir de vous répondre. L'ancienne adresse aussi est peut-être encore valide.

Statistique Canada   *fr*

http ://www.statcan.ca/start_f.html
- **bulletin quotidien et archives**
- **présentation soignée**
- **navigation aisée**

Le grand luxe en matière de statistiques générales. Le bulletin quotidien (« Le Quotidien », justement) y est accessible le jour même et on peut en fouiller toutes les archives. Certains secteurs sont encore en chantier, mais ce nouveau-né annonce un bel avenir.

Indicateurs du développement social

http ://quasar.poly.edu :9090/WorldBank/sid.html

- **données économiques de base**
- **pas de données après 1992**
- **excellent pour comparer les pays**

De la Banque mondiale, des données économiques par pays et par secteur d'activité de 1965 à 1992. Vous trouverez aussi bien le PIB du Canada en 1972 que le nombre de femmes sur le marché du travail entre 75 et 85. Comparez aussi le taux de mortalité infantile de la France et du Gabon !

CIA – World Facts Book

http ://www.odci.gov/cia/publications/pubs.html

- **bon point de départ en recherche**
- **faits saillants de la CIA**
- **tout tout tout sur l'Albanie !**

Un site bien inoffensif. Ce n'est pas là que vous trouverez les dossiers juteux de la CIA, mais c'est un bon site pour obtenir des information de base sur la politique et l'économie d'à peu près tous les pays du monde. On peut y accéder par une entrée ornée des drapeaux nationaux.

US Census Bureau

http ://www.census.gov/

- **les États-Unis en chiffres**
- **experts disponibles**
- **site achalandé**

Répertoire très bien conçu, rapide et riche en informations sur les États-Unis (comme si on en manquait !) : économie, population, statistiques récentes. Bref, le grand manitou américain a fait les choses en grand. Un 10 sur 10 aux cartes géographiques très détaillées.

LOIS ET PUBLICATIONS OFFICIELLES

Code civil du Québec   *fr*

http ://www.droit.umontreal.ca/cgi-bin/ccfTDM

- **le code civil du Québec**
- **les décisions de la cour suprême**
- **navigation aisée**

Le texte intégral du code civil, présenté sur le beau serveur W3 du Centre de recherche en droit public (Faculté de droit de l'université de Montréal). On peut chercher par mot clé ou par numéro d'article. On propose aussi des documents juridiques, dont toutes les décisions de la cour suprême du Canada depuis 1991.

Lois canadiennes

http ://canada.justice.gc.ca/Loireg/index_fr.html
- **la porte d'entrée des lois canadiennes**
- **orientation malaisée**
- **rapide et complet**

Le répertoire le plus complet des lois canadiennes. C'est la porte d'entrée tout indiquée pour effectuer des recherches dans le texte intégral des lois. La taille du site et le classement adopté rendent toutefois la navigation difficile aux non-initiés.

Juridex : les ressources juridiques

http ://juriste.gouv.qc.ca
- **complet**
- **mis à jour par l'Éditeur officiel**
- **rapide et bien présenté**

Ce répertoire réalisé au Québec recense plus de 1 000 sites d'information juridique sur Internet. Les ressources sont classées par pays et par grande discipline (criminel, civil, etc.). On peut y faire des recherches par mot clé. La mise à jour est assurée par l'Éditeur officiel du Québec.

Réseau d'accès la justice (ACJNet)

http ://129.128.19.117/acjnet/french/french.html
- **moins spécialisé**
- **un répertoire de ressources variées**
- **pour ceux que la justice plutôt que le droit intéresse**

Un excellent site qui gagne à être connu. Un carrefour sur le droit destiné au commun des mortels préoccupés par les enjeux de la justice. Une initiative du NirvCentre, composante canadienne du plus important réseau télématique mondial des ONG (APC).

FindLaw Internet Legal Resources

http ://www.findlaw.com/
- **tout sur la constitution américaine**
- **liste d'écoles et de revues de droit**
- **quelques liens avec d'autres sites**

La bible légale des États-Unis sur le W3. Articles de lois, amendements, tout y est, qu'on parle de la constitution américaine ou de celle de chaque État. Quelque peu aride, cette ressource ne permet pas, entre autres choses, de savoir combien d'États imposent la peine de mort.

International Constitutional Law

http ://www.uni-hamburg.de/law/home.html
- **la constitution de 57 pays**
- **de A à Z et par continent**
- **fréquents ajouts de pays**

Tout sur la constitution de 57 pays, de l'Australie à la Zambie. Vous apprendrez que le Canada, la Nouvelle-Zélande et Israël n'ont pas de constitution, mais bien une série de lois constitutionnelles ! Vous trouverez aussi plusieurs lois et infos internationales, dont les insurrections d'Amnistie International. Incontournable !

West's Legal Directory

http ://www.wld.com/
- **tous les avocats (Amérique du Nord)**
- **recherche par firme, expertise, etc.**
- **la référence en la matière**

Le répertoire des avocats et des firmes légales en Amérique du Nord et jusqu'aux régions éloignées du Québec. Champs d'expertise, adresses, numéros de téléphone. Recherche par nom, ville, firme, etc.

The WWW Virtual Library – Law

http ://www.law.indiana.edu/law/lawindex.html
- **plus que complet pour les É.-U.**
- **incomplet quant aux autres pays**
- **par ordre alphabétique**

Répertoire indispensable, complet, comme toutes les pages du Virtual Library. Site par excellence pour amorcer une recherche sur les lois américaines. Tout est classé par ordre alphabétique, de l'Association du Barreau américain à l'éditeur West Publishing, sans oublier tous les textes de loi.

Consommation
et finances personnelles

Finances personnelles

Revenu Canada

fr

http ://www.revcan.ca/
- **site ministériel**
- **destiné au public**
- **déjà beaucoup de documents**

Le site du ministère canadien du Revenu est encore en construction, mais il permettra éventuellement l'accès à presque
tous les documents destinés au public, y compris les guides et
les formulaires, de même que les communiqués de presse et
les discours prononcés par le ministre. Mais ça, c'est peut-être
moins intéressant !

Revenu Québec

fr

http ://www.revenu.gouv.qc.ca/revenu/mrqwww0f.html
- **site ministériel**
- **accès rapide**
- **formulaires en format pdf (Acrobat)**

Le ministère a commencé à garnir son site de documents
susceptibles d'intéresser et d'aider les contribuables : le dernier
Rapport annuel, des documents spécifiques sur des points
particuliers de l'impôt, un bulletin d'information, etc. Plusieurs
formulaires sont disponibles en format pdf.

Impôts – trucs et astuces

fr

http ://www.cam.org/~mroger/
- **de la part d'un comptable à la retraite**
- **conseils pratiques**
- **évaluation de logiciels**

Marcel Roger, un comptable retraité, a créé ce site de conseils
aux particuliers. S'intéressant au sujet depuis plusieurs années,
il a aussi testé pour vous des logiciels de déclaration de revenu.
Pas encore beaucoup de contenu, mais sympathique.

FIIAL Services Network
http ://www.fsn.ca/fsn/cgi-bin/DisplayPage ?fsn@Home
- **information diversifiée**
- **canadien anglais**
- **utile aux novices**

Ce site canadien contient une foule d'informations susceptibles d'aider le novice en matière de placement et d'investissement : finances personnelles, produits financiers, outils, forums de discussion et chroniques spécialisées. Le site est attrayant en plus de proposer un contenu riche et utile.

GNN Personal Finance Center
http ://gnn.com/meta/finance/
- **tout sur les finances personnelles**
- **investissements et placements**
- **américain mais d'intérêt plus large**

Le Global Navigation Network offre ce site très substantiel sur les finances personnelles. La perspective est américaine, bien sûr, mais l'information a quelque chose d'universel, évidemment pour ceux et celles qui s'intéressent à l'argent.

Money magazine
http ://pathfinder.com/@@iacTYhMkZQEAQJW9/money/moneyhome.html
- **version électronique du magazine**
- **centre des finances personnelles**
- **sur le site de Time-Warner**

Ce magazine américain de l'empire Time-Warner traitant des finances personnelles contient des tonnes d'informations, particulièrement en matière d'investissement et de placement. Il se définit comme un carrefour des finances personnelles.

ACHETER, VENDRE ET DÉPENSER

Annonces classées du Québec *fr*
http ://www.rocler.qc.ca/pac/
- **annonces gratuites**
- **babillard simple et efficace**
- **recherche par ville**

Jean-François Ménard a lancé ce service de petites annonces, totalement gratuit pour le moment. Les annonces sont classées par ville et par catégorie. Si une offre vous intéresse, il suffit de contacter le vendeur par courrier électronique. Bien fait et de navigation facile.

Bargain Finder

http ://bf.cstar.ac.com/bf/
- **CD : qui a le meilleur prix ?**
- **plusieurs magasins**
- **expérience intéressante**

Ce projet d'Andersen Consulting permet de choisir, parmi 9 magasins de disques, le CD au prix qui nous convient. Une expérience innovatrice et passionnante, et des économies certaines pour les internautes plus terre à terre.

E-Music

http ://emusic.com/
- **distributeur californien**
- **discographie et biographie**
- **visite intéressante**

Bien que cette entreprise californienne ne prenne aucune commande de l'étranger pour l'instant, son site est à surveiller. La visite est intéressante, de la discographie complète à la biographie des auteurs ou des groupes, en passant par leur calendrier de tournée.

Le Fleuriste vert   _fr_

http ://fleuristevert.qc.ca/
- **fleuristes de Québec**
- **transactions sécuritaires**
- **bien fait mais parfois très lent**

Site commercial des boutiques Fleuriste vert de Québec. Bien fait, il offre gratuitement un service automatisé de rappel des dates importantes et un carnet d'adresses dans le domaine de l'horticulture. Achat en ligne avec protocole de sécurité.

The Internet mall

ttp ://www.internet-mall.com/imall.htm
- **plus de 11 000 magasins**
- **très bien tenu**
- **outil de recherche par mot clé**

De tout pour tous : ce répertoire compte plus de 11 000 magasins accessibles par Internet. Un outil de recherche permet de s'y retrouver, heureusement. Très bien tenu par son créateur, Dave Taylor, depuis 1994 (une éternité), ce site est tout simplement gigantesque.

Onsale ordinateurs

http ://www.onsale.com
- **ventes à l'encan**
- **informatique et électronique**
- **certains choix réservés aux devises US**

Formidable site de vente par encan de matériel informatique et électronique, Onsale sert tout simplement d'intermédiaire entre les acheteurs et les marchands. N'a pas son pareil pour dénicher un bon prix (en argent américain).

CD-World

http ://gate.cdworld.com/
- **système de commandes efficace**
- **un contenu imposant**
- **graphisme horrible**

Ce mégamagasin de disques situé aux États-Unis offre plus de 100 000 titres. On peut y passer ses commandes par le biais du Secure Socket Layer (SSL) de Netscape ou par le bon vieux téléphone. Livraison en cinq jours. Le prix des CD est vraiment avantageux (moins de 10 $US).

LE COIN DE L'AUTOMOBILE

AutoLinks

http ://www.findlinks.com/autolinks.html
- **répertoire américain**
- **classement efficace**
- **section destinée aux consommateurs**

Répertoire des ressources d'internet dans le domaine de l'automobile, classées par catégorie (compagnies, magazines, associations, etc.) L'emphase est mis sur l'industrie, mais une section regroupe les sites à l'intention des consommateurs. Un bon point de départ.

Communications AutoLogique

http ://www.megatoon.com/~autologi/index.htm
- **vente d'autos usagées**
- **par catégorie et par ville**
- **directement des propriétaires**

Babillard québécois de véhicules de promenade usagés mis en vente par leur propriétaire. Avec photos à l'appui, les annonces sont classées par région et par prix. Sur le site, on trouve aussi des conseils relatifs à l'achat d'un véhicule usagé, ainsi qu'un répertoire d'adresses Internet.

La revue AutoMech Pro

http ://www.infobahnos.com/~publinet/auto/
- **mécanique moderne**
- **par des mécaniciens professionnels**
- **pour mécanos ou amateurs avertis**

Des mécaniciens férus d'informatique de la région de Montréal ont créé ce site consacré à la mécanique. Information diversifiée, chroniques mensuelles, liste de pointeurs relativement à l'auto. Pour mécanos professionnels ou amateurs sérieux.

Motor City

http ://www.comm.wayne.edu/auto100/motorcity_intro.html
- **industrie américaine de l'auto**
- **site universitaire**
- **beaucoup de contenus intéressants**

De Wayne State University, à Detroit, un site consacré à l'automobile dans tous ses états. Outre des évaluations des nouveaux modèles, on y trouve un excellent historique de l'industrie américaine, agrémenté de nombreuses photos d'archives.

Popular Mechanics

http ://popularmechanics.com/popmech/auto/
1HOMEAUTO.html
- **magazine américain réputé**
- **abondamment illustré**
- **contenu diversifié**

Ce magazine américain consacré à l'automobile et aux technologies s'est doté d'un site W3 de grande envergure, intitulé PM Zone. Il offre un contenu diversifié, très riche et accompagné de nombreuses illustrations. Attention aux délais de transfert !

LE COIN DE LA MAISON

Agents immobiliers du Québec

http ://www.prospection.qc.ca/cgi-bin/logs-agen
- **répertoire sur les courtiers**
- **région de Québec surtout**
- **encore peu d'entrées**

Ce répertoire regroupe des pointeurs reliés à l'immobilier québécois. On peut y dénicher les courtiers qui offrent un accès par Internet, particulièrement dans la région de Québec. Encore assez rudimentaire, le site propose aussi des conseils pratiques.

Home Arts magazine
http ://homearts.com/depts/fresh/newhome.htm
- **la vie à la maison**
- **magazine américain**
- **contenu large**

Magazine très diversifié sur tout ce qui touche la vie à la maison, de l'installation d'un bureau dans le sous-sol au choix des bibelots pour le salon. Le *cocooning* sous toutes ses coutures, version américaine.

LivingHome Online
http ://www.livinghome.com/
- **conseils et outils pour la rénovation**
- **un site américain qui vaut le détour**
- **contenu solide sur un ton humoristique**

Magazine américain sur la maison, la rénovation, le bricolage et le jardinage. On y trouve un contenu abondant, pratique et diversifié, dans une présentation qui ne manque pas d'humour. Peut-être le meilleur site du genre.

Service Inter Agences   *fr*
http ://www.mls.ca/realtyf/
- **50 000 propriétés à vendre**
- **informations de base et photos**
- **seulement Montréal pour l'instant**

À l'intention des courtiers et des acheteurs, ce service de l'Association canadienne de l'Immeuble donne accès à un répertoire de toutes les propriétés à vendre, mais uniquement dans la région de Montréal pour l'instant. Recherche selon divers critères : emplacement, nombre de pièces, prix, etc.

La protection du consommateur

Adbusters Media Foundation
www.adbusters.org/adbusters/
- **consommation, média, publicité**
- **original et mordant**
- **touche-à-tout**

Directement du Culture Jammer's headquarters, un site iconoclaste qui ne fait pas dans la dentelle pour porter un regard critique sur la publicité, les médias et la consommation. Original et divertissant, mais surtout mordant.

Boycott

fr

http ://web.idirect.com/~bernatch/boycott.htm
- **magazine électronique**
- **point de vue des consommateurs**
- **regard critique**

Le journaliste québécois Éric Bernatchez publie ce magazine électronique sur la consommation, où l'on trouve, par exemple, une description des astuces employées par les chaînes alimentaires pour que vous remplissiez votre carrosse et que vous vidiez votre portefeuille. Mise à jour irrégulière, contenu critique et original.

Street Cents Online

http ://www.screen.com/streetcents.html
- **site d'une émission de la CBC**
- **matériel d'enquête**
- **intéressant et attrayant**

Street Cents Online est l'extension électronique d'une émission de la CBC canadienne sur la consommation. On y trouve des évaluations détaillées de toutes sortes de produits et des réponses aux questions essentielles du type « Pourquoi n'y a-t-il pas de miroirs dans toutes les salles d'essayage ? » En effet…

The Electronic Bunker

http ://rainbow.rmii.com/~tph/bunker.html
- **magazine iconoclaste et divertissant**
- **contre la commercialisation du W3**
- **pas la moindre « pensée positive » par ici**

Plein de verve et d'humour, les auteurs de ce magazine satirique en ont, semble-t-il, contre la commercialisation du W3. À prendre avec une grande cuillerée (à soupe) de grains de sel, mais très divertissant et souvent fort judicieux.

Éducation

LES INSTITUTIONS SCOLAIRES

Éducation : sites au Québec
http ://www.toile.qc.ca/quebec/qceduc.htm
- **les adresses scolaires du Québec**
- **écoles, universités, organismes**
- **mise à jour très fréquente**

Cette section de La Toile du Québec répertorie les sites W3 des écoles, universités, associations et autres organismes publics et privés du réseau scolaire québécois. Pour les universités, on trouve aussi les adresses des différents départements et facultés intégrés au Net.

Collèges et universités
http ://www.mit.edu/people/cdemello/geog.html
- **liste internationale d'universités**
- **classement par pays, région**
- **2 500 sites W3**

Un chercheur du M.I.T. a rassemblé ici les adresses de 2 500 universités de tous les pays. Et si aucune d'entre elles ne vous accepte ? Voyez la page des universités de Yahoo ! ou, en désespoir de cause, celle que Yahoo ! consacre aux universités canadiennes.

Web66, registre des écoles
http ://web66.coled.umn.edu/Schools.html
- **écoles primaires et secondaires**
- **classement par pays, région**
- **en général très bon, mais pas 100 %**

Le meilleur répertoire international des écoles, commissions scolaires et autres organismes reliés à l'éducation primaire et secondaire. Le registre est assez complet pour la plupart des pays, même si les listes régionales (comme La Toile du Québec) demeurent préférables à leur niveau.

Ministère de l'Éducation (Québec) *ſr*

http://www.gouv.qc.ca/francais/minorg/medu/medu_intro.html
- **quelques documents et rapports**
- **des liens utiles vers les sites-projets**
- **tout juste la note de passage**

Mis à part quelques documents consultatifs, le site officiel du ministère de l'Éducation du Québec manque encore de contenu original et pertinent. On y trouve toutefois des liens vers l'ensemble des sites de projets éducatifs soutenus par le ministère, ce qui assure *in extremis* la note de passage.

Annuaires universitaires

gopher://gopher.nd.edu:70/11/
Non-Notre%20Dame%20Information%20Sources/
Phone%20Books--Other%20Institutions
- **répertoires de bottins (e-mail, tél.)**
- **universités nord-américaines surtout**
- **attention ! Gopher**

Maintenu à l'université Notre-Dame, ce menu Gopher donne accès aux bottins universitaires en ligne (adresse e-mail et(ou) numéros de téléphone du personnel enseignant). Au moins 100 institutions nord-américaines y figurent, bien que le bottin de l'université de Montréal soit absent.

Sociétés savantes (Canada et étranger)

http://www.lib.uwaterloo.ca/society/overview.html
- **sociétés professionnelles**
- **aussi appelées sociétés savantes**
- **et pour cause**

Répertoire des sites d'associations professionnelles et sociétés savantes. Pour trouver la Société belge de psychologie, par exemple, ou l'Association canadienne pour la santé, l'éducation physique, le loisir et la danse. Liste préparée à l'université de Waterloo (Ontario).

L'ÉCOLE VIRTUELLE :
RESSOURCES PÉDAGOGIQUES SUR INTERNET

Conjugaison française *ſr*

http://tuna.uchicago.edu/forms_unrest/inflect.query.html
- **conjugaison (n'est-ce pas tout dire ?)**
- **verbes usuels, pas tous les temps**
- **aide-mémoire ou remplace-savoir**

Un mini-Bescherelle électronique. Inscrivez un verbe à l'infinitif et obtenez-en la conjugaison pour six temps usuels (présent, passé simple, futur et imparfait de l'indicatif, conditionnel et subjonctif présent). Bon, allez : nous félicitâmes, vous félicitâtes…

CyberPresse

fr

http://cyberscol.qc.ca/CyberPresse/
- **journal réalisé par des élèves**
- **un des beaux sites scolaires du Québec**
- **la petite école du journalisme**

Un magazine entièrement rédigé par des élèves de l'Estrie et animé par une équipe du réseau CyberScol. Beaucoup de contenu original et créatif, des textes pétillants et une mise en page adéquate (qui manque un peu de rock 'n' roll).

CyberScol (Québec)

fr

http://CyberScol.cscs.qc.ca/Accueil.html
- **répertoire de ressources par sujet**
- **exemples d'intégration en classe**
- **riche en contenu mais un peu terne**

En plus du journal CyberPresse, le réseau CyberScol propose un excellent guide des ressources pédagogiques sur Internet (http://CyberScol.cscs.qc.ca/Admin/Cyber1.html) et des scénarios d'intégration en classe. Parrainé par la Commission scolaire de Sherbrooke. Excellent.

Graticiels pédagogiques

http://www.ensmp.fr:/~scherer/graticiels/
- **logiciels pour apprendre ou enseigner**
- **surtout pour les profs**
- **liens vers des sites spécialisés**

Cette simple liste répertorie les graticiels (*freeware*) pédagogiques disponibles sur le réseau. Réalisée en France, cette ressource s'adresse d'abord aux enseignants et renvoie en outre à d'autres listes plus spécialisées (par sujet).

Langues étrangères pour voyageurs

http://www.travlang.com/languages/
- **vocabulaire et expressions de base**
- **bandes sonores pour la prononciation**
- **dites-le en serbo-croate**

Des rudiments de plus de 25 langues étrangères, de l'anglais au roumain, en passant par le portugais et le norvégien. Vocabulaire et expressions de base, séquences sonores (en Real Audio). Rien pour remplacer un séjour d'immersion, mais amusant, et peut-être utile.

Rescol canadien/SchoolNet

http://schoolnet2.carleton.ca/francais/
- **un bon choix de sites éducatifs**
- **français et anglais**
- **présentation sympathique**

Le Rescol canadien propose une excellente sélection des ressources du réseau, classées par matière scolaire (arts, affaires, sciences humaines, etc.). Les pages en anglais sont plus complètes que leurs jumelles françaises, mais l'ensemble vaut le détour.

Ressources pédagogiques (UQAM)

http://www.uquebec.ca/1ercycle/res_ped.htm
- **répertoire terne mais bien documenté**
- **orientation surtout universitaire**
- **choix accessibles à tous**

Des sites sont sélectionnés en raison de leur contenu éducatif, surtout au niveau collégial ou universitaire. Regroupements par domaine d'étude (sciences pures et appliquées, sciences de l'administration et de l'éducation, arts, santé...). Inclut une section de sites francophones.

The World Lecture Hall

http://www.utexas.edu/world/lecture/
- **des centaines de cours en ligne**
- **des lois égyptiennes à la sociologie**
- **aucun frais de scolarité**

Hall d'entrée d'une immense université virtuelle, ce site pointe vers des centaines de cours diffusés dans Internet (exposés didactiques, illustrations, etc.). Les choix ne sont pas tous de valeur égale, mais on trouve des joyaux, de la psychologie à la virologie.

Le coin des enfants

Children's Literature Web Guide

http://www.ucalgary.ca/~dkbrown/index.html
- **un guide complet et bien présenté**
- **universitaire mais accessible**
- **uniquement en anglais.** *Damn it!*

Un carrefour d'information exceptionnel pour tout ce qui touche à la littérature anglaise pour enfants. On y trouve d'excellentes listes de ressources pour les parents, les enseignants et bien sûr les enfants (contes et chansons en ligne, par exemple).

FranceWeb Enfants

http://www.francenet.fr/franceweb/Cul/culenfant.html
- **point de départ en français...**
- **... surtout vers des sites en anglais**
- **allez-y pour les images et les jeux**

Les sites francophones destinés aux enfants sont encore trop rares sur le W3 et même ce répertoire français est surtout composé de ressources anglophones. Du moins ont-elles le mérite d'être bien choisies et commentées avec soin. De Disney à Caspar le fantôme et aux logiciels de dessins en ligne.

Kidlink

http://www.kidlink.org/
- **forum international en 5 langues**
- **50 000 participants de 84 pays**
- **voyez l'exposition des œuvres d'enfants**

Kidlink est un grand forum international destiné aux jeunes de 10 à 15 ans, où les échanges ont lieu en 5 langues (mais pas en français pour l'instant). On peut suivre, par exemple, des discussions entre des enfants de Slovénie et d'Argentine. Jetez aussi un coup d'œil sur les œuvres électroniques réalisées par des *kids* du Brésil jusqu'au Danemark.

L'Afficheur québécois : jeunesse

http://www.netedition.qc.ca/jeu.html
- **un point de départ pour les enfants**
- **jeux, livres et BD, correspondants**
- **tout en français**

L'Afficheur québécois est un répertoire dont la qualité varie beaucoup d'une section à l'autre, mais ses pages pour les jeunes sont excellentes. On y trouve des jeux interactifs originaux et amusants, et des liens bien choisis vers d'autres sites, de Tintin aux fables de Jean de La Fontaine en passant par les clubs de correspondants et de jeunes journalistes.

Le Petit Monde *fr*

http://www.imaginet.fr/~sderhy/Olivia.html
- **le journal des enfants**
- **allez-y d'un dessin ou d'un poème**
- ***Le Devoir* n'a qu'à bien se tenir !**

Un journal, fait en France, auquel les enfants sont invités à contribuer de leur plume, de leurs feutres ou de leurs craies. Dans l'édition actuelle, on trouve ainsi quelques courts textes, de jolis dessins, des poèmes, des jeux et des blagues. La rédactrice en chef, Olivia Derhy (10 ans), attend vos textes avec impatience.

Les émissions jeunesse de la SRC

http ://www.src-mtl.com/tv/jeunes/index.html
- chroniques, jeux, concours, etc.
- abondance de contenus et de couleurs
- ça pourrait s'appeler CyberBobino

Un site haut en couleurs où Bouledogue Bazar, Bêtes pas bêtes, 0340 et les autres prennent tout l'hyperplancher. Au menu : présentation des animateurs et animatrices, des personnages et des invités, détails sur les concours, chroniques et jeux interactifs. Des surprises en sus.

Premiers pas sur Internet

http ://www.imaginet.fr/momes/
- BD, cinéma, comptines : le paradis
- un des plus beaux sites en français
- allez-y, sans enfants s'il le faut

Une adresse obligatoire pour tous et toutes, enfants, parents, comptables et ingénieurs… Tout y est : la BD sur Internet, une immense collection de comptines (textes et bandes sonores – en Real Audio), des histoires illustrées et des journaux pour les jeunes journalistes.

The Canadian Kids' Home Page

http ://www.onramp.ca/~lowens/107kids.htm
- bonne sélection de sites pour enfants
- emphase sur les contenus canadiens
- uniquement en anglais, toutefois

Un répertoire de sites attrayants pour les enfants, sélectionnés en fonction de la provenance surtout canadienne et de l'abondance des images. Passez rapidement sur la page d'accueil et consultez la liste complète des sites déjà commentés.

Yahooligans ! (Yahoo !)

http ://www.yahooligans.com/
- Yahoo ! junior (pour les 8 à 14 ans)
- moins bon que le vrai pour l'instant
- pourrait s'améliorer rapidement

Yahooligans ! en est encore à des balbutiements et on n'y trouve guère que des ressources en anglais, mais on peut compter sur Yahoo ! pour développer le site à grande vitesse.

AskERIC

http ://ericir.syr.edu/index.html
- **index des publications spécialisées**
- **autres répertoires et services d'info**
- **commencez par en faire le tour**

ERIC est une banque de données américaine indexant les études et les articles publiés dans les revues spécialisées en éducation. Rien n'est simple ici, mais le potentiel pour la recherche vaut bien qu'on se donne la peine d'arpenter le site en long et en large en vue de mieux s'y retrouver par la suite.

Edu@media

http ://edumedia.risq.qc.ca/
- **éducation et inforoutes : l'actualité**
- **Québec, Canada, étranger**
- **pour se mettre à jour**

Nouvelle publication électronique québécoise, Edu@media se concentre sur l'actualité dans le domaine précis des applications éducatives des inforoutes au Québec même et ailleurs dans le monde. Encore bien jeune, mais déjà intéressant.

Educational Hotspots

http ://sln.fi.edu/tfi/jump.html
- **un bon choix de ressources en anglais**
- **pour l'exploration du réseau**
- **mise à jour un peu négligée**

Quelques liens désuets, mais dans l'ensemble une collection de sites intéressants du point de vue de l'enseignement (des sciences en particulier). Une fois rendu, voyez aussi Educational Hotlists, des pages plus complètes disponibles sur le même site.

Internet à l'usage des pédagogues *fr*

http ://www.eduq.risq.net/DRD/P_telem/Internet.html
- **applications scolaires d'Internet**
- **introduction et exemples**
- **simple, pratique et réaliste**

Comment utiliser Internet à l'école ? Que peut-on en espérer ? À quels coûts ? Bernard Mataigne, du Réseau de télématique scolaire du Québec (RTSQ), propose ici une introduction taillée sur mesure pour les enseignants québécois qui désirent s'initier aux potentiels pédagogiques d'Internet.

Pitsco Resources for Educators

http ://www.pitsco.com/pitsco/resource.html
- **l'entrée principale des guides Pitsco**
- **ressources conçues pour les éducateurs américains**
- **à explorer de temps en temps**

Tous les guides de Pitsco partagent les mêmes qualités et défauts : ce sont de très bonnes sélections de sites, mais dénudées de toute description. Pensé pour les éducateurs américains, le site dans son ensemble vaut bien qu'on en fasse le tour à l'occasion, ne serait-ce que pour dénicher une ou deux perles.

Réseau de télématique scolaire du Québec *fr*

http ://www.eduq.risq.net/DRD/DRD.html#rtsq
- **la référence québécoise**
- **information de base très complète**
- **liste des projets en cours**

C'est le point de référence québécois sur la question : description détaillée du RTSQ et des projets pilotes en cours au plan provincial, ressources régionales, bottin des intervenants, etc. Tout pour se mettre à l'heure de la télématique à l'école primaire et secondaire.

Ressources en éducation *fr*

http ://www.uquebec.ca/Serveurs/sriweb/educ/educ.html
- **une bonne sélection générale**
- **la section pédagogique est à souligner**
- **répertoire clair mais très sobre**

D'apparence plutôt terne, ce répertoire produit à l'université du Québec, est bien structuré et recense la plupart des adresses utiles en éducation. Voyez en particulier la page des ressources pédagogiques et celle des sites en français.

The EdWeb Project

http ://edweb.cnidr.org/
- **Internet à l'école (point de départ)**
- **introduction élaborée**
- **exemples et liens bien choisis**

Les enseignants qui désirent explorer les possibilités d'Internet à l'école ont tout intérêt à fréquenter ce carrefour d'information spécialisée. Bien sûr, la perspective est exclusivement américaine. Néanmoins, les nombreux exemples et la qualité des textes de références justifient le détour.

Accroche-toi

fr

http://schoolnet2.carleton.ca/francais/adm/orientation/
accroche-toi/

- **babillard destiné aux adolescents**
- **une section pour les adultes**
- **inclut aussi un bottin des intervenants**

Babillard sur le décrochage scolaire. Les jeunes y laissent des messages, des questions, des commentaires et des réponses sans se soucier de grammaire et de vocabulaire. Des témoignages pas toujours liés au thème, mais de toute évidence sincères.

Le quartier libre

fr

http://www.horizon.qc.ca/pagehtml/journaux/universi/
jeu_qual.html

- **journal estudiantin (université de Montréal)**
- **des opinions endiablées sur tout et sur rien**
- **serveur parfois très lent**

Journal des étudiants et étudiantes de l'université de Montréal, le Quartier libre est tout entier disponible sur le W3, avec son lot de textes bien léchés ou bien chialés sur la vie étudiante, la culture, la société et le Monde lui-même ou elle-même. Sans oublier les vacances qui s'en viennent.

Chronicle of Higher Education

http://chronicle.merit.edu/

- **manchettes américaines du front universitaire**
- **textes complets contre souscription**
- **la portion gratuite est satisfaisante**

Il s'agit d'un survol rapide de l'hebdomadaire américain : résumé des manchettes, développements à surveiller, quelques données sur l'éducation au sud de la frontière. Les souscripteurs du Chronicle peuvent aussi consulter Academe Today, beaucoup plus complet.

Les états généraux sur l'éducation

fr

http://www.uquebec.ca/menu/

- **les documents de la commission**
- **synthèses de plus de 1 000 mémoires**
- **le problème doit être ailleurs...**

Plus de 1 000 mémoires ont été déposés auprès de la Commission des états généraux sur l'éducation et celle-ci s'est empressée d'en extraire des fiches-synthèses qui sont toutes disponibles à cette adresse, avec aussi les principales publications des commissaires, les communiqués de presse et d'autres documents connexes.

Humanités et sciences sociales

CARREFOURS DES SCIENCES HUMAINES

Social Science Information Gateway – SOSIG

http ://sosig.esrc.bris.ac.uk/Welcome.html
- **sciences sociales en général**
- **25 catégories**
- **de Grande-Bretagne**

De Grande-Bretagne nous vient ce répertoire général couvrant tout le champ des sciences sociales, de l'anthropologie à la sociologie, en passant par la démographie et le féminisme... jusqu'à un total de 25 catégories.

The Voice of the Shuttle

http ://humanitas.ucsb.edu/
- **site exceptionnel**
- **complet et bien structuré**
- **ratisse large**

Une page W3 de recherche en sciences humaines logeant à l'université de Californie, à Santa Barbara. Bien présentée, la liste couvre tous les champs et elle est mise à jour très régulièrement. Exceptionnelle et exemplaire.

Humanités Canada/ Humanities Canada

http ://137.122.12.15/Docs/French.directory.html
- **d'une fédération canadienne**
- **sciences humaines, arts, éducation**
- **bilingue en surface**

La Fédération canadienne des études humaines héberge un répertoire assez costaud des adresses utiles dans le domaine des sciences humaines, en arts et en éducation. Le choix est excellent et les menus sont en français, mais le site est surtout riche en ressources anglophones.

Hyper-Weirdness
http ://www.physics.wisc.edu/~shalizi/hyper-weird/
- **sciences humaines**
- **liste sophistiquée**
- **pour qui apprécie l'érudition**

Site répertoire original et de haute voltige sur les sciences humaines, les religions et la philosophie surtout, mais un peu aussi sur les sciences et la technologie. Créé et maintenu par un surfer érudit et au goût très sophistiqué, ce site manque toutefois d'homogénéité.

Anthropologie, démographie, ethnologie et géographie

Le Musée de la civilisation du Québec
http ://www.mcq.org
- **culture du Québec**
- **informations pour les visiteurs**
- **aperçu des expositions**

Le Musée de la civilisation offre un avant-goût attrayant de ses expositions, les détails de la programmation et l'horaire. À l'occasion, le musée présente aussi une mini-exposition sur le W3. Au printemps, par exemple : les moules à sucre. Rien de moins.

Ressources anthropologiques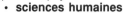
http ://server.berkeley.edu/AUA/resources.html
- **répertoire de ressources**
- **par type et par thème**
- **de l'université Berkeley**

Une association issue de l'université Berkeley, en Californie offre cette excellente liste de ressources classées non seulement par type, mais aussi par thème : publications électroniques, anthropologie culturelle, archéologie, civilisations précolombiennes, etc.

The Smithsonian Institution
http ://www.si.edu/
- **un site de prestige**
- **botanique, histoire, technologie, etc.**
- **fascinant**

La porte d'entrée vers les multiples facettes de ce prestigieux institut muséologique américain. Des tonnes d'informations sur le vaste éventail de domaines couverts par le Smithsonian et de nombreux aperçus des collections et des jardins. À voir et revoir.

ArchNet Archeology

http://www.lib.uconn.edu/archnet/
- **répertoire complet**
- **pour trouver un musée**
- **recherche par sujet, région, mot clé**

De l'université du Connecticut, un autre site exceptionnel de ressources archéologiques, très complet et doté d'un logiciel de recherche. La liste des musées est particulièrement impressionnante et conduit vers de nombreuses expositions virtuelles.

Découverte d'une grotte ornée en Ardèche

fr

http://www.culture.fr/culture/gvpda.htm
- **dans les grottes françaises**
- **reproductions fascinantes**
- **art paléolithique**

Le 25 décembre 1995, des archéologues français découvraient, en Ardèche, un vaste réseau souterrain orné d'un très grand nombre de peintures et de gravures de l'époque paléolithique. Photos, descriptions et liens avec d'autres découvertes du genre en France.

Ethnologue Database

http://www.sil.org/ethnologue/ethnologue.html
- **360 langues répertoriées**
- **site scientifique remarquable**
- **accessible aux profanes**

Une banque de données exceptionnelle, contenant des informations de base sur plus de 360 langues vivantes ou disparues. Nombre de locuteurs actuels, aire géographique, relations à d'autres langues, etc. De quoi satisfaire enfin l'ethnolinguiste qui dort en vous.

Tandanya

http://chopper.macmedia.com.au/homepage.html
- **culture autochtone d'Australie**
- **illustrations abondantes**
- **très beau site**

Tandanya, c'est le National Aboriginal Cultural Institute d'Australie. Un très, très beau site, abondamment illustré, qui nous fait entrevoir la richesse de la culture des peuples aborigènes australiens.

Arctic Circle

http://www.lib.uconn.edu/ArcticCircle/index.html
- **le Grand Nord tous azimuts**
- **par un familier du cercle polaire**
- **beauté surnaturelle**

Site remarquable logeant sur le serveur de l'université du Connecticut, l'Artic Circle vise à susciter l'intérêt des visiteurs pour cette région : ses ressources, son histoire, sa culture, les conditions sociales et l'environnement. Un très beau musée virtuel.

Systèmes d'information géographique

http://www.engin.umich.edu/library/SUBJECTGUIDES/
GIS/GISNR.html
- **géographie numérique**
- **complet**
- **sérieux**

L'Engineering Library de l'University of Michigan offre ce répertoire de ressources sur les systèmes d'information géographique. Sans aucun artifice, un site sérieux pour usage rationnel ou pour les très curieux.

Démographie et études des populations

http://coombs.anu.edu.au/ResFacilities/DemographyPage.html
- **excellent point de départ**
- **150 liens en démographie**
- **pour dénicher une ressource**

Un répertoire d'environ 150 liens hypertextes, indispensable à qui veut se servir du réseau pour dénicher des ressources en la matière. Encore un guide de la WWW Virtual Library, mais peut-on s'en passer ?

ÉTUDES LITTÉRAIRES, LINGUISTIQUE,
PHILOSOPHIE ET THÉOLOGIE

Mike Croghan's Religion Page

http://www.servtech.com/public/mcroghan/religion.htm
- **toutes les religions**
- **prophètes et saints**
- **bon choix de liens vers d'autres sites**

Un très beau site sur les grandes religions, leurs prophètes, leurs saints, leurs traditions. C'est un carrefour exceptionnel pour comparer les religions et pour dénicher d'autres sites intéressants et plus spécialisés.

Monastery of Christ in the Desert

http ://www.christdesert.org/pax.html
- **les moines dans le cyberspace**
- **la vie monastique en photos**
- **des experts en illustration**

Ce monastère américain nous ouvre ses portes et propose une très belle introduction à la vie monastique, avec photos des moines en contexte, si l'on peut dire : travaux d'enluminures, chants, prière, etc. La visite du scriptorium, en particulier, vaut le détour.

Ressources chrétiennes

http ://www.qbc.clic.net/~rrc/chretien.html
- **de l'Église baptiste du Québec**
- **ressources francophones**
- **sélection de base**

Cette liste est maintenue par Robert Castonguay, membre de la Quebec Baptist Church. La sélection est encore trop limitée, mais le répertoire s'intéresse particulièrement aux ressources francophones. À surveiller.

Vatican *fr*

http ://www.vatican.va/
- **le message de l'Église**
- **textes en plusieurs langues**
- **le saint site**

Le site officiel du Vatican nous livre les discours et les écrits du pape en plusieurs langues (dont le français), ainsi que les actualités filtrées par le Vatican Information Service. Le contenu est encore restreint, mais le site est en développement.

La philosophie au sens large

http ://WWW.liv.ac.uk/~srlclark/philos.html
- **site universitaire (Liverpool)**
- **présentation monotone**
- **mais ratisse très large**

Stephen Clark, du département de philosophie de l'université de Liverpool, nous offre un répertoire simple mais très bien garni selon le point de vue d'un expert. Philosophy at large, de son vrai nom, s'adresse aux étudiants, aux chercheurs et aux curieux courageux ou complètement égarés.

Les philosophes
http://www.und.ida.liu.se/~y92bjoch/filosofer/philosophers.html
- **philosophes célèbres**
- **point d'entrée moins complexe**
- **sources spécialisées**

Portrait des philosophes célèbres : biographie, liste des œuvres, ressources spécialisées sur le réseau. Un bon point d'entrée pour se torturer les méninges par plaisir ou pour se dépêcher d'en finir avec un devoir inutile.

Ressources en philosophie dans Internet
http://www.physics.wisc.edu/~shalizi/hyper-weird/
philosophy.html
- **un guide original et complexe**
- **liens à des centaines de textes**
- **l'Internet savant à son meilleur**

Nous sont livrés la pensée, de l'Antiquité aux dernières errances à la mode, des notes sur les philosophes célèbres et des liens à une immense collection de textes classiques et aux sites spécialisés du réseau. Universitaire, mais assez mordant. Une des meilleures pages d'Hyper-Weirdness.

Sean's One-Stop Philosophy Shop
http://www.rpi.edu/~cearls/phil.html
- **répertoire spécialisé**
- **tout savoir sur les ...isme**
- **indispensable**

Indispensable pour qui s'intéresse à la philosophie, la page de Sean Cearley relie aux publications électroniques du domaine, aux sites universitaires et aux pages consacrées à des philosophes particuliers. L'excellente section sur les courants (les « ...isme ») conduit à des guides spécialisés sur le bouddhisme ou la postmodernité.

Gopher Littératures *fr*
gopher://gopher.litteratures.umontreal.ca:7070/
- **liens pour les études littéraires**
- **documentation des départements**
- **Université de Montréal**

Un classique du genre, le Gopher Littérature de l'université de Montréal demeure essentiel aux étudiants et aux spécialistes de la chose littéraire. En plus de la documentation des déparments et des centres de recherche de l'université, on trouve des liens vers une multitude de ressources thématiques, des groupes de discussion spécialisés jusqu'aux plans de Paris au XVIIIe siècle.

Literary Resources on the Net
http ://www.english.upenn.edu/~jlynch/Lit
- **point de départ en littérature**
- **les listes W3, les listes, les archives...**
- **d'un étudiant américain**

Étudiant au doctorat à l'université de Pennsylvanie, Jack Lynch a dressé une impressionnante collection de pointeurs litté-raires, soigneusement répartis sur une quinzaine de sections thématiques. Les adresses sont listées sans aucun commen-taire, mais le choix témoigne d'une grande compétence et de bien courtes nuits.

The Human-Languages Page *fr*
http ://www.willamette.edu/~tjones/Language-Page.html
- **répertoire multilingue**
- **apprentissage des langues**
- **site primé**

Répertoire multilingue des ressources sur le langage humain, plus précisément sur l'apprentissage des langues. Comprend 700 ressources touchant plus d'une centaine de langues. Le site a reçu de nombreux éloges, à raison.

HISTOIRE ET GÉNÉALOGIE

Documents historiques sur l'Europe occidentale
http ://library.byu.edu/~rdh/eurodocs/
- **collection de documents historiques**
- **Europe de l'Ouest**
- **l'histoire dans toutes ses dimensions**

Une collection de documents de nature historique sur l'Europe de l'Ouest. Comme ils sont du domaine public, ceux-ci peuvent être copiés et reproduits. Couvre l'histoire dans toutes ses dimensions : politique, sociale, économique et culturelle.

Gateway to World History
http ://neal.ctstateu.edu/history/world_history/index.html
- **site universitaire**
- **progrès social**
- **répertoires commentés**

Ce site universitaire américain s'attache à l'étude et à l'ensei-gnement de l'histoire. Très bien garni et soigneusement com-menté. Excellente section sur l'histoire du progrès social, entre autres. Le site contient aussi un choix de textes d'introduction aux études historiques (archives).

Le roi Charles V et son temps

http ://www.bnf.fr/enluminures/accueil.htm

- **art français du XIVe siècle**
- **collection d'enluminures**
- **ouvrez grand les yeux**

La Bibliothèque nationale de France présente 1 000 enluminures du Département des Manuscrits, couvrant la période de 1338 à 1380. Ces illustrations magnifiques sont très bien classées par thème. Un régal pour l'œil et pour l'esprit.

Les Capétiens et les Croisades *fr*

http ://philae.sas.upenn.edu/French/french.html

- **histoire de France**
- **courts textes en français**
- **document multimédia**

Réalisé par une spécialiste américaine, ce site propose une passionnante incursion au temps de la dynastie des Capétiens, ces rois de France de l'époque des croisades. Reproductions, textes et extraits sonores. Tout en français.

Ressource en histoire (Canada et Québec)

http ://mistral.ere.umontreal.ca/~otisy/HQC/HQC.html

- **histoire canadienne et québécoise**
- **ressources francophones**
- **simple et efficace**

Yves Otis, de l'université de Montréal, a élaboré un répertoire assez complet des ressources en histoire. La section des sites thématiques est d'un intérêt particulier pour les curieux, même si certains liens sont désuets. Une liste simple et d'accès rapide.

Ressources en histoire

http ://kuhttp.cc.ukans.edu/history/index.html

- **1 500 liens**
- **une seule page en ordre alphabétique**
- **utilisez le Find de votre logiciel**

Énorme répertoire de 1 500 ressources en histoire, regroupées en une seule page de 175 k et classées par ordre alphabétique. Malgré ce défaut technique, le site demeure un excellent point de départ : utilisez la fonction de recherche de votre fureteur pour y faire des recherches par mot clé.

Antiquitas
http ://tornade.ere.umontreal.ca/~brazeauj/vivat_antiquitas.html
- **civilisations grecque et romaine**
- **un grand répertoire en français**
- **université de Montréal**

Jean-Luc Brazeau, de l'université de Montréal, a regroupé un nombre impressionnant de ressources sur les civilisations grecque et romaine. Tout y est, bien classé mais sans commentaires. Utilisez la fonction de recherche de votre navigateur pour explorer cette vaste page (40 K).

1492 an ongoing voyage
http ://sunsite.unc.edu/expo/1492.exhibit/Intro.html
- **vitrine d'une exposition remarquable**
- **nombreuses illustrations**
- **judicieuse utilisation de l'hypertexte**

Une exposition organisée par la Librairie du Congrès sur le contexte historique, économique et culturel entourant la venue en Amérique de Christophe Colomb. Un accent sur les contacts entre les Européens et les peuples des Amériques entre 1492 à 1600. Sous forme d'hypertexte agrémenté de nombreuses illustrations. Navigation facile et agréable.

American Memory (Library of Congress)
http ://rs6.loc.gov/amhome.html
- **culture américaine**
- **beaucoup de matériel**
- **mine d'information**

Extraordinaire collection de matériel d'archives sur la culture des États-Unis et sur son histoire. Provient de la Librairie du Congrès qui contribue par là à la bibliothèque numérique. Beaucoup de documents relativement accessibles.

Généalogie (Denis Beauregard)
http ://www.cam.org/~beaur/gen/index.html
- **généalogie québécoise**
- **textes d'information**
- **références bibliographiques**

Indispensable pour qui s'intéresse à la généalogie dans la francophonie. «Francêtre» comprend de brèves introductions historiques, une bibliographie très complète et surtout des hyperliens vers les pages consacrées à différentes familles ou à la généalogie en général.

Ressources en généalogie

http ://www.kaiwan.com/~lucknow/horus/genea.html
- **point de départ en généalogie**
- **sobre mais très clair**
- **liens vers d'autres répertoires**

Un excellent répertoire des ressources généalogiques, indispensable pour faire des recherches à partir de ce qu'Internet peut offrir. En plus de ses propres sélections d'adresses, cette page vous conduira à d'autres points de départ, plus exhaustifs ou plus spécialisés.

PSYCHOLOGIE, PSYCHANALYSE ET SEXOLOGIE

Élysa *fr*

http ://www.unites.uqam.ca/~dsexo/elysa.htm
- **consultation sur la sexualité**
- **réponses archivées**
- **sexologues de l'UQAM**

Un groupe d'enseignants du département de sexologie de l'université du Québec à Montréal a créé ce site dans le but de fournir des informations et des conseils sur la sexualité humaine. L'on soumet ses questions, et l'équipe d'Élysa répond. Les questions et les réponses sont archivées et peuvent être consultées.

Gleitman's Psychology

http ://web.wwnorton.com/norton/grip.html
- **extension d'un livre**
- **astucieux**
- **belle exploitation de l'hypertexte**

Complément électronique d'un manuel de psychologie créé par Henry Gleitman, ce site innovateur propose un parcours rapide de l'ouvrage, agrémenté des schémas résumant les expériences et les concepts de base. Riche et astucieux. Donne au livre une tout autre dimension.

Psychguide

http ://www.designers-int.com/Psychguide/
- **ressources bien classées**
- **aide en ligne, publications, écoles**
- **accent sur les thérapies**

Répertoire sur la psychologie dont les références sont classées par provenance (universités, organisations) ou par catégorie (aide en ligne, publications, etc.). Accent sur la psychologie clinique. Graphiquement attrayant.

Psychologie en ligne

http ://www.onlinepsych.com/
- **très complet**
- **pour professionnels**
- **et grand public**

Probablement le plus complet en la matière, ce service d'information s'adresse aussi bien aux professionnels (certaines sections leur sont réservées) qu'au grand public. On y trouve en particulier une très bonne compilation de ressources en santé mentale et un assortiment de forums de discussion.

Psycholoquy

http ://www.princeton.edu/~harnad/psyc.html
- **actualité de la recherche**
- **contenu abondant et varié**
- **plus difficile que l'horoscope...**

À la fois revue spécialisée et expérience d'édition électronique, Psycholoquy se donne pour mission de publier les textes des chercheurs en psychologie et les critiques de leurs pairs plus rapidement que ne le permettent les éditions « papier ».

Revue des sciences du comportement *fr*

http ://www.cycor.ca/Psych/scp.html
- **psychologie canadienne**
- **association professionnelle**
- **site bilingue**

La Société canadienne de psychologie diffuse sa revue trimestrielle sur un site en partie bilingue, dont l'accent porte sur les ressources canadiennes. Toutes les sections ne sont pas encore actives, mais on trouve quand même une liste substantielle de liens canadiens dans le domaine.

SOCIOLOGIE ET SCIENCES POLITIQUES

CTheory

http ://www.freedonia.com/ctheory/
- **impacts sociaux des technologies**
- **contributions internationales**
- **haute voltige ou fabulations**

Revue internationale qui s'intéresse à la théorie, la technologie et la culture. Parrainée par le Canadian Journal of Political and Social Theory, on y trouve, par exemple, des articles de Kathy Acker, Jean Baudrillard ou Arthur Kroker. Ça ne vous dit rien ?

La Société des sociologues décédés

http ://diogenes.baylor.edu :80/WWWproviders/Larry_Ridener/
DEADSOC.HTML
- **les grands sociologues**
- **histoire de la sociologie**
- **d'un professeur d'université**

Un professeur de l'université Baylor a créé ce remarquable site sur les grands théoriciens de la sociologie. Ils y sont tous : leur personnalité, leur vie et leurs œuvres expliquées de façon claire et concise. Contenu original.

Ressources en sociologie

http ://gpu1.srv.ualberta.ca :8010/vol001.003/Nash.
maintext.vol001.003.html
- **d'un professeur américain**
- **le tout sur une seule page**
- **efficacité et simplicité**

En une page, un professeur américain présente les ressources sociologiques d'Internet. Pas sophistiqué pour deux sous, mais efficace et sympathique.

La revue canadienne de science politique*fr*

http ://info.wlu.ca/~wwwpress/jrls/cjps/cjps.html
- **publication universitaire**
- **la politique prise au sérieux**
- **des textes de fond**

Publication conjointe de l'Association canadienne de science politique et de la Société québécoise de science politique, cette revue est la plus importante dans le domaine au Canada. Bilingue.

Les théories politiques (Yahoo !)

http ://www.yahoo.com/Arts/Humanities/Philosophy/
Political_Theory/
- **les grands théoriciens**
- **complet**
- **pour mesurer l'évolution**

Yahoo ! a regroupé cette liste de pointeurs vers des sites ou des pages consacrés aux principaux théoriciens des sciences politiques. De saint Thomas d'Aquin à saint Augustin, en passant par Descartes, Hegel, Kant et Machiavelli, une liste complète d'accès rapide.

Marx et Engels

http ://www.csf.colorado.edu/psn/marx/
- **textes et photos de ces deux géants**
- **téléchargez d'abord, lisez ensuite**
- **tout en anglais**

The Marx/Engels Internet Archives, de son vrai nom, rassemble des textes et des photos de ces deux géants de la pensée politique. Tous ces textes peuvent être téléchargés pour lecture... ultérieure.

Paix et Sécurité   *fr*

http ://www.cfcsc.dnd.ca/indexf.html
- **histoire militaire**
- **ressources sur les conflits**
- **maintien de la paix**

De la Défense nationale du Canada nous vient ce site W3 disponible dans les deux langues. On y trouve des sections sur les militaires, les conflits contemporains, les forces armées du monde, l'histoire militaire, le maintien de la paix et les organisations.

Sciences politiques

http ://iep.univ-lyon2.fr/Science-Politique.html
- **site universitaire**
- **liste de ressources**
- **emphase sur les sites en français**

Préparé à l'Institut d'Etudes Politiques de Lyon, ce guide recense plus de 400 ressources intéressantes du point de vue des études en sciences politiques. Bien classée, chacune de ces ressources a fait l'objet d'une évaluation par les documentalistes, les étudiants et les enseignants de l'Institut.

Informatique et Internet

Explorer Internet

Les 1 000 meilleurs sites d'Imaginet
http ://www.imaginet.fr/First/
- **un palmarès** *Made in France*
- **des perles enfouies dans la banalité**
- **présentation visuelle agréable**

Un très joli point de départ qui fait la distinction entre les sites d'intérêt général et les ressources destinées aux spécialistes. La sélection est intéressante, mais plusieurs liens ne fonctionnent plus, ce qui indique des retards de mise à jour.

Les Carnets de Route (FranceWeb)
http ://www.francenet.fr/franceweb/FWCarnetRoute.html
- **sélection et présentation agréable**
- **ressources commentées et illustrées**
- **serveur en France : parfois trop lent**

Une belle sélection française de ressources, dans une présentation assez simple et agréable. Les ressources sont commentées et souvent accompagnées d'illustrations, ce qui ralentit d'autant le transfert. À fréquenter lorsque les Français dorment ou qu'ils ne font que semblant.

Communipomme – Le panier de sign.
http ://www.dania.com/~blondin/liens.html
- **une collection originale et très riche**
- **pour les amateurs de curiosités**
- **sur les traces de** *L'Aventure* **(émission de radio)**

Les signets de Robert Blondin, animateur de l'émission radiophonique *L'Aventure* (CBF) et grand fouineur devant l'Éternel. De l'art aux sciences, en passant par les marginalités, le voyage et le journalisme, une passionnante collection de sites originaux.

Interlude

http ://www.uquebec.ca/Serveurs/RES/interlude.html
- **point de départ pour l'exploration**
- **inclut une excellente boîte à outils**
- **pas systématique mais sympathique**

Un point de départ ludique pour Internet, annonce François Boulet, concepteur du site (mais s'amuser, c'est travailler… ;-). Avec ses 1 500 adresses, Interlude est sans doute le plus vaste carrefour du genre au Québec. Pas très systématique, mais assez sympathique.

PointCom – Top Sites

http ://www.pointcom.com/
- **un palmarès des « meilleurs » sites**
- **une bonne variété de choix**
- **ils n'ont pas toujours tort**

Des centaines de sites évalués selon des critères de contenu, de présentation et d'« expérience ». En croissance continue, ce site n'est pas tout à fait un répertoire général (à la McKinley), mais du moins un très bon point de départ pour l'exploration. À fréquenter.

Bobaworld

http ://miso.wwa.com/~boba/index.html
- **pour les maniaques du surf**
- **le contraire de Yahoo !**
- **Bob ? Un mégalomane de talent !**

Une des entrées sur l'immense réseau de Bobaworld, sorte de mégacentre commercial du surf sur le WWW. Des centaines de pages et des milliers d'adresses, dans une ambiance de boîte de nuit. Rien de très sérieux, mais de quoi flâner long-temps.

Les Webs d'or

http ://www.france.com/webdor/index.html
- **palmarès des sites francophones**
- **la faveur populaire fait loi**
- **on attend patiemment votre vote**

Ce sont les meilleurs sites francophones, d'après la plupart des gens, les concepteurs de sites et leurs amis. Très récent, le site des Webs d'or pourrait devenir l'équivalent des nombreux palmarès américains, qui ignorent souvent les meilleurs sites en français.

Project cool

http ://www.projectcool.com/
- **le meilleur tapis rouge quotidien**
- **site magnifique et patience obligatoire**
- **par l'inventeur du genre**

Le nouveau repaire de Glenn Davis, créateur du premier site du genre, le *cool site of the day*. Très beau, avec des choix toujours compétents et souvent fascinants. Non utile pour la recherche, à moins que vous cherchiez justement des sites à voir pour le pur plaisir.

Cool central

http ://www.webreference.com/cool/
- **le répertoire des sites de sélection**
- **pour surfer sur l'écume des vagues**
- **si on ne craint pas trop le trafic...**

Des dizaines de sites bien branchés affichent leurs choix quotidiens, hebdomadaires ou mensuels de *cool sites*. Chacun son goût : cette page répertorie une bonne cinquantaine de ces sites qui décernent les honneurs quotidiens et font augmenter subitement le trafic...

This is the Worst

http ://mirsky.com/wow/
- **les pires publications du W3**
- **critères ? Ambition et incompétence**
- **de la pure médisance, bien sûr !**

Évidemment, il ne s'agit que d'une opinion. Sans doute y a-t-il des centaines de sites encore pires sur le W3. Ceux qui sont recensés ici, par contre, ont le mérite d'ajouter l'ambition à la médiocrité.

Les Chroniques de Cybrie

http ://www.cyberie.qc. ca/chronik
- **nouveautés du W3 : choisies par un pro**
- **aussi sur abonnement (par e-mail)**
- **toujours excellent**

La meilleure chronique francophone des nouveautés du W3. Un choix toujours excellent, collé à l'actualité régionale et internationale, diversifiée, perspicace, indépendante, mordante : l'œuvre de Jean-Pierre Cloutier et Mychelle Tremblay est déjà un classique.

Branchez-vous !

http ://www.branchez-vous.com
- **les nouveautés d'Internet**
- **perspective québécoise**
- **disponible par e-mail et en kiosque**

Réalisé en collaboration avec Bell Canada et amplement commandité, cet « Hypermédia d'actualité » propose tout un éventail de chroniques et de reportages sur les nouveautés technologiques d'Internet et les nouveaux sites d'intérêt. Branchez-vous ! a désormais un cousin de papier disponible en kiosque.

Netsurfer Digest

http ://www.netsurf.com/nsd/index.html
- **choix commenté de nouveaux sites**
- **accessible sur le W3 ou par courrier électronique**
- **voir aussi Netsurfer Focus sur le site**

D'un format comparable aux Chroniques de Cybérie, Netsurfer Digest propose un choix hebdomadaire de nouveaux sites brièvement commentés (en anglais). Le numéro courant et les archives sont disponibles ici, ainsi que des instructions pour recevoir le bulletin par courrier électronique.

What's New (NCSA Mosaic)

http ://gnn.com/gnn/wn/whats-new.html
- **les nouveautés quotidiennes du W3**
- **meilleur que l'équivalent de Netscape**
- **quand même pas exhaustif. Ouf !**

Bien meilleure que la page équivalente de Netscape (le bouton What's New ? du logiciel), cette page des nouveautés quotidiennes propose aussi une sélection encore plus serrée de cinq sites par jour.

Les MOOndes virtuels

http ://www.uqam.ca/~gingras/tour/moondes.html
- **introduction au MUDs et MOOs**
- **guide pratique et références utiles**
- **un des beaux sites du Québec**

C'est une très belle page d'introduction aux MUDs et aux MOOs que ces sites d'exploration, de discussion et de jeux dans l'espace virtuel. Textes raffinés, sélection d'adresses de base et de références complète. Voir aussi les autres pages de Martine Gingras, pour l'œil et le style.

The Palace   *fr* 💲

http ://www.franceweb.fr/lepalace/
- le *nec plus ultra* du bavardage
- maintenant aussi en français
- une expérience à tenter

Du géant américain Time-Warner, The Palace est actuellement
la coqueluche d'Internet. Il faut d'abord télécharger un logiciel
(gratuit) de plus de 2 megs, mais les amateurs de bavardage
virtuel en trois dimensions y trouveront leur compte. Une introduction en douceur ? *Le Devoir* – Planète – a publié une belle
chronique au sujet du Palace.

Global Chat

http ://www.qdeck.com/chat/
- pour se connecter aux canaux IRC
- logiciel et introduction sur le site
- conversation ? Non, mais bavardage

Pratique, Global Chat ! Cet utilitaire gratuit permet en effet de
se brancher directement, à partir du logiciel de navigation, aux
canaux de conversation IRC ou à d'autres serveurs du même
type. Depuis cette page, on accède ainsi facilement aux
multitudes de forums publics en direct, dont quelques-uns se
déroulent en français, tant bien que mal.

Internet Relay Chat FAQ

http ://www.kei.com/irc.html
- introduction complète à l'IRC
- liens aux logiciels spécialisés
- style sobre et chargement rapide

Il s'agit d'une foire aux questions sur l'IRC et les forums publics
de discussion en temps réel. C'est une introduction de style
très sobre mais claire et complète. Chargement rapide (présentation moche). Voyez aussi la liste des sites W3 consacrés à
divers canaux IRC sur le site de Yahoo !

Timecast Real Audio Guide

http ://www.realaudio.com/timecast/index.nscp.html
- pour écouter la radio sur Internet
- liste des diffuseurs en Real Audio
- logiciel et nouveautés

Progressive Networks (les concepteurs de Real Audio) offre un
répertoire complet des sites W3 utilisant la technologie Real
Audio (bulletins de nouvelles radiophoniques, etc.). Le logiciel
est aussi disponible sur place. Voyez aussi le site de Streamworks, un autre logiciel permettant la transmission audio en
direct sur Internet.

Branché @ Radio-Canada *fr*

http ://www.src-mtl.com/tv/branche/
- **le site de l'émission** *Branché*
- **tous les textes et davantage**
- **liens vers les sites mentionnés en ondes**

L'émission *Branché* de Radio-Canada propose un site W3 de belle facture où l'on retrouve le texte complet des entrevues et des chroniques diffusées jusqu'à maintenant (jeux, CD-ROM, Internet et Société) et où trouve aussi des contenus exclusifs au site, dont Branché Lab qui explore les nouvelles frontières du W3.

Edupage

http ://www.educom.edu/edupage.new
- **synthèse de l'actualité en une page**
- **publiée trois fois par semaine**
- **sur le W3 ou par e-mail**

Publiée trois fois par semaine par un consortium d'universités américaines, Edupage est une excellente synthèse de l'actualité dans le domaine des technologies de l'information. Le numéro courant est disponible à cette adresse, mais il est aussi possible de recevoir le bulletin par e-mail. Instructions sur le site (au bas de la page).

FutureNet Computing News

http ://www.futurenet.co.uk/News/internews/index.htm
- **les nouvelles vues de l'Angleterre**
- **associé au magazine .net**
- **accès parfois difficile**

Associé au .net magazine britannique, ce service d'information quotidienne reprend aussi les principales nouvelles du secteur des technologies de l'information, mais dans une perspective plus européenne. Le hic : le site est parfois très difficile à atteindre.

HotWired !

http ://www.hotwired.com/
- **du magazine Wired, le bien tuyauté**
- **site accrocheur et intéressant**
- **sans vouloir les insulter : un classique**

La revue fétiche des branchés du monde entier, Wired propose un site exubérant de couleurs vives et de textes accrocheurs ou insolites. On y trouve un choix d'articles et des chroniques publiés, mais aussi d'autres zones d'information et d'interactivité, des sondages et des forums de discussion.

Le Devoir – Planète
fr

http://www.vir.com/~wily/inforoute/planete.htm
- **les chroniques du *Devoir***
- **inforoutes, CD-ROM, informatique**
- **toujours aussi bien écrites**

À l'avant-garde des journaux québécois, *Le Devoir* a créé un site simple mais élégant où sont rassemblées les chroniques hebdomadaires de Benoît Munger (inforoute), Michel Bélair (CD-ROM) et André Salwyn (informatique). On y trouve aussi un choix de nouveaux sites à visiter, d'un clic à l'autre.

Seidman's Online Insider

http://www.clark.net/pub/robert/current.html
- **nouvelles et analyse de l'industrie**
- **un bulletin auquel on peut s'abonner**
- **pour suivre les inforoutes de près**

Robert Seidman s'est fait connaître en diffusant, depuis déjà quelques années, ce bulletin d'analyse hebdomadaire de toute l'industrie télématique. Cette adresse donne accès au numéro courant, mais il est aussi possible de recevoir le bulletin par e-mail. Voir les instructions sur le site.

S'INFORMER SUR L'INFORMATIQUE

C|net

http://www.cnet.com/
- **abondante couverture quotidienne**
- **équipe éditoriale de premier plan**
- **un des meilleurs sites américains**

Le réseau C|net, qui diffuse aussi sur le câble américain, est l'un des plus importants carrefours d'information spécialisée d'Internet. Le site est surtout connu pour ses archives de logiciels, mais l'actualité informatique est aussi un point fort de C|net.

Computer News Daily

http://nytsyn.com/cgi-bin/times/lead/go
- **reportages, dossiers, chroniques**
- **du *New York Times Syndicate***
- **de la grande finance aux gadgets du W3**

Produit par le *New York Times Syndicate*, ce site rassemble des articles, des chroniques et des dossiers publiés dans les journaux américains, du Boston Globe à Interactive Age. On y trouve des reportages traitant aussi bien des dernières transactions financières de Bill Gates que des nouvelles technologies d'Internet.

Cool Tool of the Day
http://www.cooltool.com/
- **les nouveaux joujous du W3**
- **pour ajouter à Netscape**
- **et ajouter à votre plaisir**

Après la litanie des *cool sites of the day*, voici enfin le palmarès quotidien des nouveaux outils d'Internet. Toutefois, gare aux excès : à en croire Steve Jobs, le développement effréné des nouvelles technologies sur le W3 ne peut que faire le jeu de Microsoft.

PC Week, PC Magazine, etc.
http://www.zdnet.com/home/filters/mags.html
- **tous les magazines de Ziff-Davis**
- **des sites d'information très dynamiques**
- **actualité, dossiers, logiciels, etc**

La porte d'entrée pour tous les magazines de l'empire Ziff-Davis : *PC Week*, *PC Magazine*, *MacWeek*, *Computer Shopper*, etc. Dans la plupart des cas, ces revues présentent de larges sélections d'articles courants en plus de sections exclusives à Internet.

Macworld Online
http://www.macworld.com/
- **magazine américain très complet**
- **tout sur les ordinateurs Macintosh**
- **articles, logiciels, choix de liens**

La revue MacWorld offre un site W3 de facture élégante et aux contenus imposants. On y trouve une sélection d'articles et de dossiers provenant des dernières éditions du magazine, et des liens vers les sites d'Apple et les archives de logiciels.

TidBITS en français   *fr*
http://www.tidbits.com/tb-issues/lang/fr/
- **l'hebdomadaire du Macintosh**
- **maintenant en français**
- **un classique du genre**

Réalisée par une équipe québécoise, la version française de TidBITS est disponible chaque semaine, quelques jours après la diffusion du texte anglais (qu'on peut aussi recevoir par courrier électronique). Des reportages d'actualité, des évaluations de nouveaux produits et même les derniers ragots de Cupertino.

Byte Magazine

http ://198.83.40.67/byte.htm
- **les archives du magazine *Byte***
- **dossier spécial : la diffusion sur le W3**
- **information spécialisée**

Plus technique que *PC Week* ou *MacWorld*, le magazine *Byte* s'adresse d'abord aux professionnels de la chose informatique. De réalisation impeccable, le site contient les archives complètes des articles parus depuis janvier 94 et des dossiers spéciaux sur les technologies de diffusion sur le W3.

Newsbytes $

http ://www.nbnn.com/
- **informatique et télécommunications**
- **textes complet par abonnement**
- **la nouvelle du 30 avril : Bill Gates papa !**

Newsbytes se présente comme le plus grand réseau d'information électronique du domaine de l'informatique et des télécommunications. À l'appui, le site propose une manne d'articles quotidiens, des résumés hebdomadaires et un outil de recherche dans toutes les archives. Consultation des manchettes et des résumés sans frais ; textes complets par abonnement seulement.

LES BOÎTES À OUTILS

TOUS LES OUTILS POUR WINDOWS ET MAC

Logiciels Internet (RISQ)   *fr*

http ://www.risq.qc.ca/info/table/log/log_01.html
- **tous les logiciels d'Internet**
- **présentation très claire et commentée**
- **équipez-vous !**

Le Réseau interordinateurs scientifique québécois a rassemblé ici toute l'information nécessaire pour se procurer les logiciels d'usage courant sur Internet (Macintosh et Windows). On y trouve des indications sommaires et des liens vers les logiciels de télécommunication, de gestion de l'image et du son, et enfin de compression. Une référence toujours utile et très bien réalisée.

The Consummate Winsock Apps List

http ://www.awinc.com/cwsapps/
- **logiciels Internet pour Windows**
- **commentaires détaillés**
- **une bonne source de vitamine**

Ce répertoire exhaustif et bien segmenté des logiciels compatibles Windows relatifs à Internet, fournit de surcroît des commentaires détaillés et une notation tatillonne de tous les logiciels inscrits. Mise à jour fréquente.

The Ultimate Collection of Winsock Software
http://www.tucows.com/
* **les logiciels Internet pour Windows**
* **le genre complet et gratuit**
* **allez-y au nom de la productivité**

Autre excellente compilation des logiciels Internet pour les utilisateurs de Windows (Winsock), TUCOWS peut être consulté par le truchement de divers sites miroirs, au Québec et ailleurs au Canada.

Internet Shopper

http://www.iworld.com/InternetShopper/
* **les produits commerciaux sur Internet**
* **caméras numériques et serveurs de listes**
* **tout pour le cyberentrepreneur**

Le réseau américain MecklerMedia a recensé tous les logiciels et les produits commerciaux disponibles pour les applications sur Internet, bien classés dans plus de 40 catégories. On trouve donc la liste de tous les navigateurs (*browsers*) commercialisés ou celle des applications basées sur Lotus Notes.

Netscape Plug-ins

http://home.netscape.com/comprod/products/navigator/version_2.0/plugins/index.html
* **les p'tits extras de Netscape**
* **pour Acrobat, l'animation 3-D, le son, etc.**
* **plus qu'il n'en faut**

Si vous ne voulez rien manquer des dernières technologies du W3, il vous faudra fréquemment ajouter de petits *plug-ins* à Netscape ou d'autres navigateurs. Sur son propre site, Netscape regroupe ici la plupart de ces logiciels souvent utiles ou intéressants, mais toujours trop nombreux.

Shareware.com
http://www.shareware.com/index-noframe.html
* **site de logiciels des ligues majeures**
* **remplace la Virtual Software Library**
* **vous y trouverez peut-être le bonheur**

Un autre très bon site de recherche dans les archives de partagiciels : Shareware.com a pris la relève du Virtual Software Library de C|net (mais VSL est encore disponible si, pour une raison ou pour une autre, vous préférez vous procurer vos logiciels directement de Slovénie !).

INFO-MAC HyperArchive

http ://hyperarchive.lcs.mit.edu/HyperArchive.html
- **partagiciels et graticiels Macintosh**
- **pour combler votre disque dur...**
- **... ou tester votre nouveau modem !**

Accès aux archives InfoMac du MIT (les gratuiciels et partagiciels compatibles Macintosh). On peut en parcourir les nouveautés ou faire des recherches par catégorie (applications, utilitaires, communications, etc.). Très complet.

Jumbo ! – ShareWare

http ://www.jumbo.com/
- **de tout pour tout le monde**
- **Macintosh, Windows, etc.**
- **la Warehouse du Shareware...**

Immense collection de partagiciels (*shareware*) et de gratuiciels (*freeware*) disponibles sur le réseau, pour toutes les plateformes usuelles. Catégories : affaires, jeux, programmation, graphisme et utilitaires. Les responsables du site affirment donner accès à plus de 50 000 logiciels. Ça devrait suffire.

TOUT APPRENDRE SUR INTERNET
ET L'INFORMATIQUE

Internet vue d'ensemble   *fr*

http ://www.risq.qc.ca/info/table/vue/vue_01.html
- **une introduction en douceur**
- **historique, services, acteurs**
- **design sophistiqué, navigation facile**

Le Réseau interordinateurs scientifique québécois (RISQ) a réalisé cette excellente synthèse de base, comprenant l'historique du réseau (de 1957 à 1995), la description des services et ressources disponibles et enfin des notes sur les organismes qui contribuent le plus à en définir le présent et l'avenir.

Mini-guide Internet (UQAM)   *fr*

http ://www.bib.uqam.ca/miniguid.htm
- **Internet : notions pratiques de base**
- **introduction au logiciel Netscape**
- **une seule page bien illustrée**

Proposé par le Service des bibliothèques de l'UQAM, ce guide est une brève introduction à Internet et surtout au logiciel Netscape, mais il renvoie aussi, pour chaque sujet traité, aux textes plus détaillés du cours de Martin Simoneau.

Guide Internet (Gilles Maire) *fr*

http ://www.imaginet.fr/~gmaire/manuel.htm
- **référence complète**
- **conseils pratiques et logiciels**
- **mise à jour fréquente**

Manuel complet destiné aux nouveaux utilisateurs. C'est aussi un excellent document de référence pour tous, malgré une table des matières trop touffue (il manque un sommaire de premier niveau) et un accès parfois lent. Inclut aussi quelques logiciels.

Common Internet File Formats

http ://www.matisse.net/files/formats.html
- **les formats de fichiers disponibles**
- **le logiciel qui vous manquait**
- **PC, Macintosh et autres aberrations**

Le mauvais côté d'avoir accès à toute cette information, c'est qu'on doit s'habituer à une quantité encombrante de formats informatiques (Acrobat, Real Audio, etc.). Cette page en donne une description simple et explique comment les « accueillir » sur son Mac ou son PC. Il ne reste ensuite qu'à télécharger les logiciels sélectionnés sur places s'ils sont disponibles. Finis les problèmes.

Le Savoir communiquer sur Usenet *fr*

http ://web.fdn.fr/fdn/doc-misc/SavoirComm.html
- **18 conseils de cybersagesse**
- **rédigés sous forme de commandements**
- **inutiles pour les naturels vertueux**

Les 18 commandements éduquent l'internaute à s'éviter les insultes et autres ennuis sur les places publiques d'Internet. Le savoir nous est livré en une seule page, sous forme d'instructions. Un style directif mais sympathique.

Blacklist of Internet Advertisers

http ://math-www.uni-paderborn.de/~axel/BL/blacklist.html
- **liste des annonceurs abusifs**
- **quand la diplomatie ne suffit plus**
- **catégorie : pendaison publique**

Vous en avez ras le bol de recevoir de la publicité et des messages abusifs dans votre courrier électronique ? Des internautes tout aussi saturés que vous ont réagi et se sont aussi dotés de recours efficaces contre les énergumènes qui sévissent sur le réseau. Cette liste, par exemple, où personne ne souhaite que son nom ne figure.

Internet Mailing Lists

http ://www.nlc-bnc.ca/ifla/I/training/listserv/lists.htm
- **introduction aux listes de diffusion**
- **les commandes de base**
- **quelques points de départ utiles**

Au départ, c'est, bien sûr, le W3 qui retient l'attention des nouveaux internautes, et pour cause. Mais avec le temps, on s'aperçoit que les listes de distribution (*listserv, mailing lists*) sont tout aussi intéressantes que le W3, sinon plus. Ce site contient les informations de base et des références utiles à propos des listes.

Fournisseurs d'accès au Québec *fr*

http ://www.axess.com/drakkar/regions.html
- **répertoire complet**
- **services offerts, tarifs, coordonnées**
- **mise à jour régulière**

Une fois raccordé au réseau, allez choisir un nouveau fournisseur d'accès sur le site de Christian Bernier ! Ce répertoire très complet inclut en effet une description précise des services de chaque fournisseur (au Québec) des différents types d'abonnement offerts (les tarifs).

Les fournisseurs de Montréal évalués

http ://megasun.BCH.UMontreal.CA/~burkep/sps.html
- **les fournisseurs testés à la commande PING**
- **tableau des résultats quotidiens**
- **ça ne dit pas tout mais c'est un début**

Votre fournisseur actuel vous branche-t-il rapidement sur Internet ou êtes-vous trop nombreux à vous partager la bande passante ? Peter Burke a créé un programme qui mesure la performance de bon nombre de fournisseurs montréalais en temps réel.

Liste mondiale des fournisseurs (The List)

http ://www.thelist.com/
- **incomplet, mais plutôt utile**
- **une idée des tarifs**
- **pour des commentaires**

Cette liste internationale répertoriant 2 250 fournisseurs d'accès reste incomplète, mais elle est utile. À peine 27 fournisseurs d'accès québécois s'y trouvaient mentionnés en mai dernier. En revanche, les inscriptions sont complètes : services, tarifs, adresse, etc.

BABEL Computer Acronyms

http ://www.access.digex.net/~ikind/babel96b.html
- **les abréviations de l'informatique**
- **ce qu'elles signifient**
- **pour ceux et celles qui en mangent**

Vous aviez oublié qu'AMANDDA signifie Automated Messaging and Directory Assistance ? Ça se comprend. Justement, BABEL recense et explicite quelques milliers d'acronymes et d'abréviations de l'univers informatique. Pour ceux et celles qui aspirent au titre de *nerd*.

La page des Lexiques

http ://www.culture.fr/culture/dglf/lexis.htm
- **répertoire complet**
- **des ressources validées**
- **téléchargement rapide**

Cette page rassemble les lexiques portant sur les inforoutes et l'informatique. L'Office de la langue française y tient une place de choix, tout comme la délégation générale à la langue française. Tout y est. Curieusement, on y trouve un lexique sur l'automobile.

NetGlos – Glossaire multilingue   *fr*

http ://wwli.com/translation/netglos/glossary/french.html
- **un excellent glossaire en français**
- **indique la traduction (7 langues)**
- **par des militants de la multiplicité**

Non seulement un excellent glossaire francophone de la terminologie Internet, mais aussi un projet exemplaire et innovateur. NetGlos est en effet un site multilingue – sept langues pour l'instant – et fournit donc aussi les traductions des termes définis en français.

The Free On-line Dictionary of Computing

http ://wombat.doc.ic.ac.uk/
- **une encyclopédie de l'informatique**
- **ce qui distingue Veronica d'Archie**
- **ou un Hacker d'un Cracker...**

Il est rare qu'un dictionnaire de l'informatique suscite de l'enthousiasme, mais celui-ci dépasse largement ce qu'on attend normalement d'un tel outil. En plus de définitions techniques très claires et toutes interreliées, on y trouve en effet des articles sur les Hackers ou l'intelligence artificielle, qui en font une véritable encyclopédie de la nouvelle culture informatique.

Pour <HTML>iser...

http ://www.uqam.ca/~gingras/tour/ressources.html
- **un bonne sélection pour commencer**
- **des principes à la technique**
- **mise en scène raffinée**

Une sélection intéressante des ressources utiles à la conception de pages HTML. À défaut d'être complète, cette page propose des adresses très bien choisies et suffisantes pour guider dans tous les aspects importants. Présentation originale et agréable.

Webmaster Reference Library

http ://webreference.com/
- **le meilleur carrefour d'information**
- **très complet et bien commenté**
- **graphisme soigné mais quelque peu rapide**

Il s'agit d'un répertoire spécialisé et commenté des ressources d'information et des logiciels disponibles pour le développement et la diffusion des pages W3 (Mac et Windows). Listes très complètes, design sophistiqué. Excellent à tous les points de vue. La référence actuelle.

How to put information on the W3

http ://www.w3.org/hypertext/WWW/Provider/Overview.html
- **Tim Berners-Lee vous conseille**
- **il est connu pour avoir inventé le W3**
- **excellente référence de base**

Il s'agit d'un document de référence produit par le W3 Consortium, l'une, sinon la plus importante, organisation du réseau. Points de départ utiles pour les aspirants auteurs, *webmasters* ou administrateurs de système. Information claire et ressources bien choisies (mais en anglais seulement).

Manuel HTML

http ://www.grr.ulaval.ca/grrwww/manuelhtml.html
- **la meilleure référence en français**
- **mise à jour fréquente**
- **téléchargez ou consultez sur place**

Une des forces du W3, c'est la facilité avec laquelle même les profanes peuvent apprendre à fabriquer et à diffuser leurs propres pages sur le réseau. Ce manuel abondamment illustré leur donne toute l'aide dont ils ont besoin, et plus encore. Une contribution exemplaire de Daniel Boivin et Laurent Gauthier, de l'université Laval.

HTML Reference Manuel

http ://www.sandia.gov/sci_compute/html_ref.html
- **référence technique précise**
- **très clair mais sans attraits**
- **pour vérifier plutôt que pour apprendre**

Il s'agit d'une référence technique très précise : toutes les
étiquettes HTML, leurs attributs, les valeurs admises, etc. Mais
assez *drabe* merci. Par ailleurs, certaines sections ne s'appli-
quent qu'aux laboratoires Sandia, destinataires de ce guide.

Zone Infographie

http ://www.vir.com/~amazones/infographie.html
- **infographie sur le W3 : une référence**
- **inclut une chronique des nouveautés**
- **aussi un répertoire spécialisé**

Destiné aux infographistes professionnels et amateurs, ce site
carrefour fourmille d'informations précises sur les formats de
fichiers, les transparences et les cartes sensibles, la programmation HTML et la gestion des images, etc. Excellent à tous
les points de vue.

Top 10 ways to improve your homepage

http ://www.winternet.com/~jmg/topten.html
- ***check-list* de conseils pratiques**
- **présentation graphique somptueuse**
- **texte humoristique et judicieux**

Deux listes de conseils à l'usage des concepteurs de pages
W3, dont l'une se penche sur les erreurs les plus fréquentes.
Profitez-en pour jeter un coup d'œil sur la page personnelle de
l'auteur : vous verrez jusqu'où peut vous mener le HTML.

Pixelsite

http ://www.pixelsight.com :80/PS/pixelsite/pixelsite.html
- **logiciel d'illustrations spécialisé**
- **pour les entêtes ou les logos simples**
- **fonctionne bien mais lentement**

Pixelsite permet de créer des logos à distance pour ensuite les
télécharger sur votre disque dur. Une ressource utile pour
réaliser des en-têtes de page ou des boutons de navigation,
par exemple quand on n'a pas de graphiste professionnel sous
la main.

Yale C/AIM WWW Style Manual

http ://info.med.yale.edu/caim/StyleManual_Top.HTML

- **design de sites W3 : cours magistral**
- **les critères de qualité**
- **pas nécessaire pour débuter en HTM**

Un manuel de haut calibre sur la conception générale et la structure des sites W3 complexes. Contient très peu d'instructions pratiques, mais un excellent exposé des critères de qualité dans le design des sites W3. Internet universitaire à son meilleur.

Pointers To Pointers

http ://www.homecom.com/global/pointers.html#WEB

- **pour s'inscrire à plusieurs index**
- **un grand choix d'index et de forums**
- **peut-être le meilleur outil du genre**

Cette ressource permet d'inscrire simultanément un nouveau site sur plusieurs index et forums importants d'Internet. Peut-être le meilleur service du genre, mais voyez aussi The Postmaster et Submit It ! La présentation pourrait être améliorée.

Classroom Internet Server Cookbook

http ://web66.coled.umn.edu/Cookbook/contents.html

- **comment installer un serveur**
- **explications claires et illustrations**
- **conçu pour l'application en classe**

Cet excellent « livre de recettes » décrit – illustrations à l'appui, heureusement – comment mettre sur pied un serveur Internet dans une salle de classe ou ailleurs, probablement même si c'est évidemment plus difficile quand on ne peut pas compter sur les enfants !

INTERNET ET SOCIÉTÉ

Cahier multimédia du journal Libération *fr*

http ://www.netfrance.com/Libe/multi/index.html

- **cahier bimensuel du journal *Libération***
- **actualité, entrevues, enquêtes**
- **archives complètes depuis mars 95**

Le journal français *Libération* intègre au réseau les contenus publiés dans son cahier multimédia bimensuel. On y trouve, comme ailleurs, des chroniques de nouveaux sites à visiter, mais surtout des enquêtes et des entevues qui traitent des dimensions sociales des réseaux autant que des développements techniques.

Cybersphère   *fr*

www.quelm.fr/Cybersphere.html
- **technologies de l'information**
- **entevues et reportages fouillés**
- **archives complètes (depuis juin 1995)**

Mensuel français entièrement consacré aux technologies de l'information, Cybersphère s'intéresse aussi aux dimensions culturelles et aux impacts sociaux du cybermonde. On y trouve des entevues fouillées, des reportages d'actualité et même un petit lexique de la cyberculture. Certaines sections sont réservées aux abonnés.

Privacy Forum

http ://www.vortex.com/privacy.htm
- **vie privée et informatique**
- **magazine et liste spécialisée**
- **recherche par mot clé**

Magazine électronique de grand calibre qui analyse jusqu'aux enjeux de la vie privée à l'ère de l'information. Liste modérée et *digest* disponible. Archives avec recherche par mot clé depuis mai 1992. Forum fréquenté surtout par des professionnels. Pour abonnement : privacy-request@vortex.com ; écrire dans le corps du message : subscribe privacy <prénom nom>

Electronic Frontier Foundation (EFF)

http ://www.eff.org/
- **le lobby américain des internautes**
- **les droits civiques sur les réseaux**
- **nouvelles et documentation abondante**

Ce sont eux les instigateurs de la fameuse « campagne des rubans bleus » dont vous verrez l'écusson sur de nombreux sites W3. Organisme voué à la défense des droits civiques sur Internet, l'EFF diffuse des nouvelles et une abondante documentation relative à la protection des droits et libertés sur les réseaux. L'organisme a aussi son pendant canadien.

RISQ (Réseau québécois)   *fr*

http ://www.risq.net/
- **le berceau québécois d'Internet**
- **universités et centres de recherche**
- **information spécialisée**

Le Réseau interordinateurs scientifique québécois (RISQ) a été le berceau d'Internet au Québec et en demeure le maillon principal. Très bien réalisé, le site W3 décrit les services du RISQ, ses publications récentes (entres autres une étude sur les internautes), la liste de ses membres et d'autres informations spécialisées.

WWW Consortium

http ://www.w3.org/

- **organisme de coordination du W3**
- **documents de référence (standards)**
- **les bonzes d'Internet**

Le WWW Consortium est sans doute ce qui se rapproche le plus d'un quartier général d'Internet : l'organisme chapeaute en effet des groupes d'experts chargés de définir les nouveaux standards techniques du réseau. Outre la Virtual Library, ce site immense contient une documentation extrêmement utile pour quiconque s'intéresse aux évolutions d'Internet.

Infos pratiques et tourisme

TOURISME ET VOYAGES

All the Hotels on the Web

http://www.digimark.net/dundas/hotels/
- **répertoire de 8 000 hôtels sur le W3**
- **des liens vers les grandes chaînes**
- **un hôtel au Zimbabwe ?**

Ce répertoire donne accès à plus de 8 000 sites W3 d'hôtels répartis à travers le monde, dont, par exemple, une cinquantaine au Québec et une vingtaine dans la vallée de la Loire. On trouvera aussi des liens vers les sites des grandes chaînes hôtelières, dont plusieurs offrent un service de réservation fiable.

Connect-Québec
Répertoire touristique

http://www.connect-quebec.com/f/index.htm
- **hôtels, restaurants, activités**
- **recherche par ville, région, prix**
- **une auberge aux Éboulements ?**

Connect-Media, une petite entreprise de Lennoxville, en Estrie, a créé ce répertoire touristique et immobilier sur l'ensemble du Québec. Plus de 8 200 restaurants, 2 000 établissements hôteliers, 2 500 activités culturelles ou sportives, etc. Étonnamment bien garni. Recherche par région, par ville, par prix. Beau site quoiqu'un peu lourd.

Focus on the World
http://www.focusmm.com.au/~focus/welcome.htm
- **pays méditerranéens**
- **renseignements touristiques de base**
- **choix d'hôtels et de restaurants**

L'histoire, la culture et la société des pays méditerranéens sont racontées sur ce très beau site multimédia issu d'Australie. Il présente aussi un répertoire de ressources touristiques. Remarquable outil pour préparer un voyage en Grèce ou en Turquie.

FP Tourisme sur Internet

http ://www.pratique.fr/net/tourisme/
- **tourisme en France et ailleurs**
- **les villes et régions, les agences, etc.**
- **pour un tourisme réel ou virtuel**

France Pratique offre ce très joli répertoire touristique sur la France, mais aussi sur d'autres régions du monde. On trouve des liens vers les sites W3 d'Albertville ou de Versailles, vers les agences touristiques, les lignes aériennes, les compagnies ferrovières, etc. Idéal pour préparer des vacances en pays francophone.

Hotels and Travel on the Net

http ://www.webscope.com/travel/
- **carrefour de ressources sur le voyage**
- **très bien coté**
- **mise à jour quotidienne**

Il s'agit sans doute du plus grand répertoire de ressources sur le voyage dans le réseau Internet. Mis à jour presque quotidiennement, il comporte les adresses Internet des compagnies aériennes, des aéroports, des chaînes hôtelières, ainsi que des renseignements de base pour les voyageurs. Très bien coté.

Internet Travel Network

http ://www.itn.net/cgi/get ?itn/index/
- **réservation gratuite**
- **en temps réel**
- **relié au système Apollo**

Ce service gratuit vous permet de réserver vos billets par le truchement d'une agence de voyage de votre choix (une cinquantaine d'agences montréalaises font partie du site). Réservations en temps réel en lien direct avec le système Apollo.

Rythmes du monde

http ://www.rdm.qc.ca/
- **agence de voyages d'aventure**
- **forfaits, infos de base, réservations**
- **un modèle du genre au Québec**

Ce très beau site informe sur les destinations exotiques offertes par cette agence québécoise et fournit des renseignements ou des références de base pour les voyageurs, ainsi qu'un service de réservation en ligne. Attention ! vous devez installer au préalable le *plug-in* Sizzler, distribué gratuitement par TotallyHip Software.

Tourisme Québec

http://www.gouv.qc.ca/francais/minorg/mto/mto_intro.html
- **itinéraires touristiques et culturels**
- **information officielle du ministère**
- **un site gouvernemental très réussi**

Le site du ministère du Tourisme du Québec offre beaucoup d'informations officielles, y compris les bulletins trimestriels, mais surtout un très beau guide virtuel des parcours touristiques et culturels au Québec, de même que de l'information sur les fêtes et les festivals annoncés.

Travel Net

http://fenris.novalink.com/travel/
- **excellent point de départ**
- **sites W3 des hôtels : 6 000 inscriptions**
- **répertoire commenté de 800 sites**

Mégasite américain du tourisme, Travel.Net comprend plusieurs répertoires dont Hotel & Travel Index Online (6 000 hôtels ayant un site W3) et Travel Weekly Online, ainsi qu'une liste sélective et commentée de plus de 800 sites reliés au voyage. On trouve aussi des nouvelles de l'industrie.

Vacance.com

http://www.vacance.com/
- **magazine électronique québécois**
- **chroniques et répertoires**
- **modeste mais utile et sympathique**

Ce magazine électronique québécois sur le tourisme et le voyage propose quelques chroniques et surtout une bonne sélection des ressources touristiques d'Internet. Les choix visuels sont discutables et le site est encore de taille assez modeste, mais l'ensemble dégage de la compétence et reste sympathique.

MÉTÉO : L'ÉTAT DU CIEL, DES ROUTES ET DES PENTES

La météo au quotidien

http://www.meteo.org/
- **le meilleur site en français**
- **information générale**
- **prévisions régionales et nationales**

Le meilleur site de météo en français, gracieuseté d'Ève Christian, météorologue à l'émission *CBF Bonjour* de la radio AM de Radio-Canada. Des prévisions, mais aussi de l'information sur les phénomènes météorologiques, sur le langage de la météo et sur les ressources disponibles.

Prévisions météo pour le Québec

http ://www.uqam.ca/meteo/index.html
- **Environnement Canada**
- **toutes les régions du Québec**
- **mis à jour beau temps, mauvais temps**

Les prévisions à court terme pour toutes les régions du Québec, telles que formulées quotidiennement par le centre météorologique du Québec d'Environnement Canada. La présentation est sobre, mais le site est utile si on cherche les prévisions pour une région précise.

Intellicast World Weather

http ://www.intellicast.com/weather/intl/
- **météo mondiale**
- **images satellites de haute qualité**
- **par NBC**

La météo, vue de très près par le géant américain NBC. Prévisions aux États-Unis et ailleurs dans le monde (dont Montréal). Avec, en prime, des images satellites de première qualité pour toutes les régions du monde.

L'heure n'importe où à travers le monde

http ://www.bsdi.com/date ?Etc/GMT+5
- **réglez vos montres**
- **sur l'heure de Montréal...**
- **... ou sur celle de Macao**

Donne l'heure de n'importe où à travers le monde. Le site est sobre (peu d'images) et le serveur puissant. Excellent si l'on se demande encore dans quelle mesure on risque de réveiller sa belle-mère à Paris en lui téléphonant ce soir...

Weather Information Superhighway

http ://thunder.met.fsu.edu :80/nws/public_html/wxhwy.html
- **météo et climat (point de départ)**
- **répertoire complet mais simple**
- **tous les liens en une seule page**

Source d'information à consulter pour localiser toutes les ressources en météo dont dispose Internet. Les pointeurs de ces sites sont tous rassemblés ici dans une seule page. Serveurs gouvernementaux et universitaires, images satellites, etc.

En spectacle au Québec *fr*

http ://WWW.MusiquePlus.COM/spectqc.html
- **l'horaire des spectacles pop au Québec**
- **le calendrier de Musique Plus**
- **mise à jour régulière**

Le calendrier le plus complet des spectacles à venir au Québec, c'est Musique Plus qui vous l'offre. Il révèle ce qui se prépare dans les deux prochains mois, et pas seulement à Montréal. Amateurs de musique classique, vous n'êtes pas au bon endroit. Le calendrier de Much Music est meilleur, mais en anglais. Les artistes sont classés en ordre alphabétique.

Le Scoop des Arts *fr*

http ://www.scoopnet.ca/scoopdesarts/
- **magazine culturel montréalais**
- **critiques, reportages, horaires**
- **spectacles et expositions**

Du théâtre au jazz, en passant par les arts visuels, la littérature et le cinéma, ce nouveau magazine montréalais – uniquement dans Internet – rend compte des spectacles et des expositions à ne pas manquer. Pour chaque secteur, le Scoop des Arts propose des critiques plutôt que des horaires complets. Réalisation soignée.

Miam-Miam Montréal *fr*

http ://miammiam.artifex.net/
- **un nombre impressionnant de restos**
- **les coordonnées et quelques critiques**
- **région de Montréal seulement**

Choisissez un restaurant montréalais selon la spécialité qui vous intéresse. Un site horrible visuellement, mais riche en contenu. La section hebdo-revues, qui évalue certains restaurants de la région, promet. Choisissez le menu « Recherche » si vous désirez une cuisine particulière.

Musi-Cal

http ://www.automatrix.com/concerts/
- **liste tenue à jour**
- **présentation attrayante**
- **un choix éclectique de concerts**

Calendrier des concerts et des événements musicaux aux États-Unis, au Canada et en Europe. Quoique incomplète (elle est maintenue par les internautes eux-mêmes), la liste est généralement à jour. Voyez quels concerts sont à l'affiche à Montréal, Berlin ou Paris.

Ticket Master

http://www.ticketmaster.ca/
- **partout en Amérique sauf au Québec**
- **horaires et billets disponibles**
- **planifiez vos soirées à Ottawa**

Cette grande agence nord-américaine a créé un site où il est possible de vérifier l'itinéraire des artistes et la disponibilité des billets pour tous les types de spectacles annoncés dans la plupart des grandes villes du Canada et des États-Unis. Attention ! l'agence n'opère pas au Québec.

CARRIÈRES ET PROFESSIONS

La Presse Carrières

http://199.94.216.77/Probec
- **les emplois annoncés dans *La Presse***
- **transmettez directement votre CV**
- **pratique et facile à utiliser**

Base des données d'emplois du journal *La Presse* où on peut également afficher son CV. Une fois qu'on a repéré les postes qui nous intéressent, il est possible de poser sa candidature directement. Un excellent service.

CanWorkNet

http://hrdc.ingenia.com/canworknet/index.html
- **site canadien**
- **ressources en emploi**
- **version française en préparation**

Un regroupement d'organisations canadiennes engagées dans le développement des ressources humaines a ouvert ce remarquable site dans le but de rendre accessibles les ressources d'Internet en matière d'emploi. Couvre tous les sujets et toutes les régions du Canada. La version française est en préparation.

Job Search Best Bets from the Net

http://asa.ugl.lib.umich.edu/chdocs/employment/
job-guide.toc.html
- **excellent répertoire américain**
- **sélection des ressources par secteur**
- **du sérieux**

Répertoire américain des ressources en matière d'emploi, Best Bets from the Net offre un choix de ressources bien commentées pour chaque secteur professionnel, des postes académiques aux services gouvernementaux. Un site sans grande prétention, mais marqué par beaucoup de sérieux.

Le Guide Riley

http ://www.jobtrak.com/jobguide/
- **recherche d'emploi sur Internet**
- **manuel de base et choix de ressources**
- **américain mais d'intérêt général**

Margaret F. Riley, auteure d'un livre à propos de la recherche d'emploi dans Internet, a créé un site remarquable, bourré d'informations sur les façons d'incorporer Internet dans ses démarches de recherche d'emploi. Axée sur les États-Unis, bien sûr, une grande partie de l'information demeure pertinente au nord de la frontière.

The Online Career Centre

http ://www.occ.com/occ/HomePage.html
- **d'un regroupement d'entreprises**
- **offres de service ou d'emploi**
- **outil de recherche efficace**

Commandité par une association de grandes entreprises, l'OCC est un carrefour d'informations très complet. Il présente des offres d'emploi à la tonne – avec un bon outil de recherche pour les dénicher – ainsi que des conseils et des résumés hebdomadaires des nouvelles et des tendances en matière d'emploi.

TROUVER QUELQU'UN ET L'ÂME SŒUR

Four11 Directory Services

http ://www.four11.com/
- **sept millions d'adresses électroniques**
- **inscription gratuite**
- **relativement efficace**

Le plus connu et sans doute le plus grand bottin d'adresses électroniques d'Internet : quelque sept millions d'inscriptions en avril 96. La recherche est ouverte à tous, mais on peut aussi s'inscrire gratuitement et ajouter ou modifier son inscription.

Le 11 annuaire de France   *fr*

http ://www.epita.fr :5000/11/
- **numéros de téléphone en France**
- **le Minitel sur le W3**
- **un peu lent mais très bien réalisé**

Cette passerelle sur le W3 vous permet de consulter l'annuaire téléphonique du système MInitel français. Faites-y des recherches en indiquant le nom de l'abonné, l'adresse (si connue), la ville ou le département. Annuaire bien réalisé et très complet.

Telephone Directories On The Web
http ://www.c2.org/~buttle/tel/
- **tous les annuaires et pages jaunes**
- **classement par pays**
- **apparemment très complet**

Vaste répertoire international des annuaires téléphoniques accessibles dans Internet. Le classement par pays permet, par exemple, de se diriger vers le bottin des résidants de l'Australie ou vers les pages jaunes des enteprises italiennes ou japonaises.

Who Where bottin e-mail international
http ://www.whowhere.com/
- **e-mail et numéros de téléphone**
- **Amérique du Nord**
- **assez bon pour les adresses e-mail**

Associé aux services de LookUp USA et Switchboard, Who Where contient les numéros de téléphone des résidants et des entreprises, de même que les adresses électoniques de quelques millions d'internautes. Si la personne dont vous cherchez l'adresse électronique est du genre à faire sentir sa présence sur les forums Usenet, elle y sera...

wyp.net (tous les annuaires)
http ://wyp.net/
- **105 millions d'inscriptions**
- **annuaires et pages jaunes** (pas e-mail)
- **allez-y voir si vous y êtes**

wyp.net vise à intégrer les annuaires et les pages jaunes du monde entier, rien de moins. Pour l'instant, ils en sont à 105 millions d'inscriptions, l'Amérique du Nord au complet. Attention ! On trouve des adresses et des numéros désuets. Notez bien : wyp.net a déjà créé une page personnelle pour chaque inscription modifiable à volonté et sans frais.

Gaibec *fr*
http ://www.gaibec.com/
- **carrefour d'information gai**
- **complet et bien conçu**
- **babillard très animé**

La communauté gaie et lesbienne du Québec est très bien servie par ce babillard très élaboré, où l'on peut laisser et retracer facilement des messages personnels ou participer à des forums de discussion en ligne. Très bien conçu, le site inclut aussi un carnet d'adresses régionales et un choix de liens hypertextes vers d'autres sites d'intérêt.

One-and-Only Internet Personals

http ://www.one-and-only.com/index.htm

- **agence de rencontre**
- **soumissions gratuites**
- **retour de message payant**

Une agence de rencontre sur le réseau, où l'on trouve des messages d'un peu partout en Amérique du Nord (dont quelques-uns du Québec). Poster une annonce est gratuit, mais il faut payer 2 $ la minute pour écouter la voix enregistrée du correspondant ou y répondre.

Jeux, sports et loisirs

Gastronomie

Bouffe branchée   *fr*
http ://www.uqam.ca/~gingras/tour/bouffe.html
- **point de départ gastronomique**
- **méchants cocktails...**
- **... à la sauce « humour songée »**

Ce que le Net a de mieux à offrir en matière de gastronomie.
Martine Gingras en a fait un gueuleton en quatre services : À
la carte... mère, Éclectisme électronique, Cocktails explosifs et
En-vigne. Langue raffinée, palais délicat.

Epicurious
http ://www.epicurious.com/
- **Gourmet et Bon Appétit**
- **résumé des magazines en kiosque**
- **décor fastueux mais service au ralenti...**

Un mégasite culinaire proposé par les magazines américains
Gourmet et *Bon Appétit*. On peut chercher des recettes par mot
clé, des boissons par ordre alphabétique (plus difficile –
assurez-vous d'être sobre) ou consulter un guide des restaurants de dix villes américaines.

Gastronomie européenne   *fr*
http ://www.westwind.be/gastronomy/FR/
- **à table... à l'européenne**
- **conseils et livres pratiques**
- **événements gastronomiques**

La bonne chair et le bon boire à la mode européenne. Vous
enrichirez votre livre de recettes et saurez enfin comment
découper le caneton ! Cuisines insolites, origine des aliments
ou utilisation des herbes, ce site pourrait métamorphoser votre
cuisine. Le danger : vos amis n'oseront plus vous inviter.

Les archives de rec.food.recipes

http://www.cs.cmu.edu/~mjw/recipes/
- **archives de recettes variées**
- **du soufflé à la pizza**
- **ternes, mais faciles à consulter**

Malgré ses apparences famélliques, ce site est le véritable repaire des goinfres d'Internet. On y trouve en effet les archives de toutes les recettes qui ont été affichées sur le forum de discussion « rec.food.recipes », un haut lieu d'échanges culinaires.

Thème : cuisine

http://www.cenaath.cena.dgac.fr/themes/cuisine/
- **les plats favoris des internautes**
- **pour flâneurs gastronomes**
- **l'accès est parfois difficile**

Qu'est-ce que mangent les internautes ? Vous le saurez en parcourant ce livre qui recense des recettes glanées dans les forums de discussion. De l'entrée au dessert, en passant pas les sauces et les plats d'accompagnement, tout y est. Envoyez-leur une photo du plat réalisé ; ils l'ajouteront au site !

Veggies' Unite !

http://www.honors.indiana.edu/~veggie/recipes.cgi
- **recettes aux légumes**
- **un glossaire imposant**
- **constamment augmenté**

Bienvenue au Roi du légume ! Vous y trouverez des milliers de recettes, dont plus de 200 soupes, 100 salades et une vingtaine de sandwiches différents. En prime, un résumé des aliments, des recettes régionales et des menus vite faits pour les adeptes du *fast-food végé*.

L'encyclopédie du vin   *fr*

http://www.winevin.com/french.html
- **les vins par pays**
- **information de base**
- **Québec : 10 producteurs et 7 cépages**

Dans cette encyclopédie mondiale des vins, World Wine Web propose un classement par pays (une trentaine), puis par région et enfin par appellation. Suivent des données sommaires sur les cépages, la qualité et le prix des vins. La liste des producteurs débouche sur les sites de ceux-ci (lorsqu'ils en opèrent un).

Vins de Bordeaux

http://www.vins-bordeaux.fr/
- **les 4 700 châteaux du Bordelais**
- **information de base et encyclopédie**
- **sobre mais seulement d'apparence**

Production du Conseil Interprofessionnel du Vin de Bordeaux, ce site contient, entre autres, la liste des 4 700 châteaux du Bordelais, des négociants et des coopératives. On trouve aussi une encyclopédie où sont classés les vins par cru et grand cru, sans passer outre le très officiel (mais toujours controversé) classement de 1855.

Jeux et passe-temps

Les carrefours du jeu

Guide Internet Jeux

http://www.nctech.fr/NCTech/html/Francais/InternetJeux.html
- **les éditeurs de jeux, les magazines**
- **à signaler : la liste des jeux interactifs**
- **en français, mais juste les adresses**

Ce guide fournit les adresses des éditeurs (Nintendo, Sega), des sites consacrés aux jeux (Doom, Sim City), des revues et surtout des jeux interactifs en ligne (Battleship, par exemple). Une des bonnes pages du Guide Internet des consultants français NCT.

Iguide games

http://www.iguide.com/insites/5/index.htm
- **encore un mégasite américain**
- **classement remarquable (par type)**
- **mais seulement des sites en anglais**

La section Jeux du Iguide est l'une des meilleures du genre. Pour chaque type de jeu, le répertoire distingue les sites d'information, les sites d'interaction (les jeux en ligne) et finalement les logiciels à télécharger. Sélection très américaine toutefois.

The Games Domain

http://www.gamesdomain.com/
- **LE répertoire de jeux**
- **magazines, logiciels, serveurs etc.**
- **mais rien en français**

Un site de référence pour tout ce qui concerne les jeux : les magazines, les FAQ, les sites dédiés à un jeu particulier, les logiciels, les compagnies spécialisées. Excellent surtout pour les usagers de DOS/Windows.

Yahoo ! computer games

http://www.yahoo.com/Recreation/Games/Computer_Games/
- **si c'est la quantité qui compte**
- **du bon parmi du moins bon**
- **pour les joueurs blasés**

C'est le genre de sujets pour lequel Yahoo ! est pratiquement imbattable. Dans la seule section des « Jeux sur l'Internet », on compte plus de 250 inscriptions au titre des Jeux interactifs, et 375 dans la catégorie « MUDs, MUSHes, MODs, etc. ». Allez-y fouiner par là si ça vous titille à ce point.

Gamecenter (C|net)

http://www.cnet.com/Content/Features/Play/
- **les jeux électroniques sur Internet**
- **nouveautés, logiciels, etc.**
- **assez bon mais assez américain**

Le magazine *C|net* propose des compte rendus (*reviews*) de nouveaux jeux et quelques articles d'introduction comme « Multiplayer gaming on the Net ». Rien de mauvais ici, mais ce n'est pas non plus le Klondike des joueurs compulsifs. Donnons-leur un « C ».

The Gamer's Site

http://www.worldvillage.com/wv/gamezone/html/gamepick.htm
- **un des grands carrefours du jeu**
- **de tout en grande quantité**
- **inclut un très bon choix du jour**

Mégasite d'informations et de liens relatifs aux jeux de toutes sortes, y compris les jeux éducatifs. Attention au fouillis : des listes en quantité, avec la description de multiples jeux. Le choix du jour vaut le détour.

LES JEUX EN DIRECT

The Gaming Zone

http://www.zone.com/
- **observez, jouez et placotez en direct**
- **bridge, échecs, go, dame de pique**
- **quarante adversaires vous attendent**

Une merveille pour jouer au bridge, au go, au cœur (dame de pique) ou aux échecs avec des internautes de partout (novices, amateurs ou experts). Pour y accéder, vous devez d'abord télécharger un logiciel gratuit et ensuite, c'est du bonbon. Simple, excellent, jouissif.

Shockwave : galerie de jeux interactifs

http://www.macromedia.com/Gallery/Shockwave/Games/index.html
- **collection de petits jeux interactifs**
- **pour s'amuser ou tester Shockwave**
- **quand les images se mettent à bouger**

C'est le rendez-vous des nouveaux jeux interactifs recourant au logiciel Shockwave de Macromedia. On y trouve des jeux encore assez simples, mais agréables et ingénieux. Un site de choix pour découvrir les nouvelles possibilités d'animation sur le W3.

Tic-tac-toe en 3-D

http://www.hepl.phys.nagoya-u.ac.jp/cgi-bin/3dttt
- **le tic-tac-toe pour les grosses têtes**
- **une leçon de modestie pour les autres**
- **on publie la liste des vainqueurs**

Contrairement au tic-tac-toe courant, vous avez de bonnes chances de perdre contre l'ordinateur à ce jeu en trois dimensions. C'est beaucoup plus compliqué, vous verrez, et captivant. Conçu et rendu accessible par des ingénieurs de l'université japonaise de Nagoya.

Jeux de stratégie par e-mail

http://www.islandnet.com/~dgreenin/emg.htm
- **quatre jeux de stratégie par courrier**
- **information de base, règles, etc.**
- **des jeux inspirés de Diplomacy**

Ça peut sembler archaïque d'échanger les coups par courrier électronique, mais pour les jeux de stratégie, c'est souvent plus efficace. Ce site donne accès à quatre de ces jeux, y compris les règles et l'information pour se joindre à un groupe ou en former un nouveau.

Play by Mail (PBM) Games

http://www.pbm.com/~lindahl/pbm.html
- **les jeux par courrier électronique**
- **introduction, ressources, liens**
- **excellent pour les jeux de stratégie**

De loin le site le plus complet sur les jeux par courrier électronique, mais de présentation très sobre (fait dans le style des FAQ). En plus des notions de base, le site comporte une très bonne sélection des ressources Internet dans le domaine.

Great Bridge Links

http ://www.cbf.ca/query/GBL.html
- **Concernant le bridge, toutes les ressources Internet**
- **classées par type et commentées**
- **excellent point de départ en anglais**

C'est à Jude Goodwin-Hanson, de Colombie-Britannique, qu'on doit cette magnifique page personnelle sur le bridge. La plupart des ressources Internet qui concernent ce jeu sont bien classées et commentées avec soin. De là, vous pouvez accéder aux cours en ligne, aux forums de discussion et aux serveurs de jeu en direct.

Règles des jeux de cartes

http ://www.cs.man.ac.uk/card-games/links.html
- **du sérieux : règles et variantes**
- **pour vérifier ou pour apprendre**
- **les tricheurs seront confondus !**

Les règles et variantes d'à peu près tous les jeux de cartes au monde sont accessibles à cette adresse (en anglais). On y trouve aussi des liens vers d'autres sites d'information. Un travail sérieux comme le pape à l'égard d'un sujet pris au pied de la lettre. Les règles, ce sont les règles.

Chess Space

http ://www.redweb.com/chess/
- **le répertoire des échecs**
- **très bon classement des ressources**
- **bonheur complet mais en anglais**

Le meilleur guide spécialisé des échecs sur Internet. Plus de 2 000 ressources répertoriées, classées et annotées. Quelques adresses désuètes ici et là, mais dans l'ensemble, une excellente référence internationale.

Échecs : jouez contre l'ordinateur

http ://www.delorie.com/game-room/chess/
- **attention ! adversaire de grand calibre**
- **peut vous suggérer les meilleurs coups**
- **parfois difficile d'accès**

Jouez en direct contre l'excellent logiciel GnuChess qui roule sur un puissant ordinateur SGI (ce qui en fait un adversaire redoutable, même pour des joueurs avancés). Sur le site, on trouve aussi des liens utiles vers d'autres serveurs consacrés aux échecs.

Échecs : le serveur ICC

http ://www.hydra.com/icc/
- **échecs : le joyau de la couronne**
- **jouez et regardez jouer sans frais**
- **autres services par abonnement**

Site prestigieux, le serveur ICC est le rendez-vous de l'élite mondiale et des milliers d'amateurs de tous les continents. Suivez en direct une partie d'experts, ou jouez contre des adversaires de tous les calibres. Sans frais, logiciels disponibles sur place.

This Week in Chess (M. Crowther)

http ://www.brad.ac.uk/~mdcrowth/chess.html
- **tous les tournois de la semaine**
- **actualité internationale et classements**
- **pour experts ou débutants très curieux**

L'actualité des tournois internationaux, les parties de la semaine (toutes, mais sans annotations) et quelques ragots sur le milieu. Costaud et sans attraits pour les débutants, le site de Mark Crowther est idéal pour qui rêve de détrôner Kasparov ou Polgar.

La page d'accueil du Go

http ://www.irisa.fr/prive/guinnebault/go/
- **point de départ en français**
- **initiation, ressources, jeu en direct**
- **une belle page, simple et claire**

Ce nouveau venu permet un très bon point de départ, en français, incluant un texte d'introduction clair pour les débutants des liens bien choisis vers les serveurs spécialisés d'Internet et les meilleurs guides en anglais.

How to Play Go on the Internet

http ://www.well.com/user/mmcadams/igs.howto.html
- **comment jouer au Go sur le réseau**
- **les logiciels nécessaires**
- **les adresses des serveurs**

Tout ce qu'il faut savoir pour jouer au go sur Internet. Les logiciels nécessaires (pour Windows et Macintosh), les sites où jouer en direct, les démarches à suivre pour se brancher, etc. Aussi des liens vers une introduction au jeu et d'autres pages spécialisées.

The Backgammon Page (Games Domain)

http://www.gamesdomain.com/backgammon/
- **tout sur le backgammon**
- **salles de jeu en ligne, logiciels, etc.**
- **règles et stratégies de base**

Site de référence pour le backgammon : les règles de base, les sites de jeu en direct, les logiciels disponibles sur le réseau, les clubs et les forums spécialisés, etc. C'est une des pages de l'excellent Games Domain.

JEUX D'AVENTURE, HUMOUR ET PASSE-TEMPS

DoomGate

http://doomgate.cs.buffalo.edu/
- **les jeux vidéo de l'heure**
- **logiciels, forums, tuyaux, etc.**
- **pas très édifiant**

Un tremplin vers les sites des jeux vidéo de type Doom, Heretic et Descent. Liens aux nouveaux partagiciels disponibles sur le réseau (*shareware*), aux forums de discussion et à d'autres types d'information destinée aux joueurs experts ou débutants. Vous êtes sûrs que vous aimez ça, les kids ? C'est déplorable.

The 3D Gaming Scene

http://www.pol.umu.se/html/ac/spel.htm
- **de Castle Wolfenstein à Terminator**
- **versions disponibles, tuyaux, etc.**
- **un point de départ très complet**

Cauchemars, hérésies, catacombes et jugement dernier : à l'évidence, l'animation 3-D est encore le domaine du frisson et de la fureur incontrôlée. Mais bon ! si c'est là votre tasse de thé, cette page devrait vous rassasier, avec la description de tous les jeux disponibles, des photos d'écran et tous les liens qui s'imposent.

Philatelic Resources on the Web

http://execpc.com/~joeluft/resource.html
- **carrefour des philatélistes**
- **musées, encans, associations, etc.**
- **une collection bien organisée**

Encans virtuels et musées philatéliques, pages personnelles des collectionneurs et logiciels spécialisés. Joseph Luft, un amateur passionné et minutieux, a rassemblé une impressionnante collection de signets en philatélie, classés avec grand soin, il va sans dire.

Comparaison des philosophies religieuses

http ://nz.com/hybrid/shit.html
- **une phrase par philosophie**
- **des variations sur «** *shit happens* **»**
- **la différence saute aux yeux**

De Nouvelle-Zélande nous vient cette superbe analyse comparée des systèmes philosophiques et religieux de la planète tout entière. Vous comprendrez enfin ce qui distingue un scientologiste d'un nihiliste, et même ce qui distingue le Microsoftisme et l'IBMisme, deux nouvelles doctrines américaines.

Divertissement et Humour (Québec)

http ://www.toile.qc.ca/quebec/qcart_dh.htm
- **les humoristes québécois sur le W3**
- **festivals, cirques, tournées, etc.**
- **à prendre avec un octet de sel**

La Toile du Québec a rassemblé ici les sites du Cirque du Soleil et du festival *Juste pour rire*, par exemple, à côté de la Page du Peuple (de François Pérusse) et de la Page atroce de Céleri (de Céleri, justement). De là, remontez au sommaire pour accéder aussi aux sections des gouvernements.

Science Jokes Archive

http ://www.princeton.edu/~pemayer/ScienceJokes.html
- **de quoi se bidonner longtemps**
- **humour rapide et efficace**
- **régulièrement mis à jour**

Qui aurait cru qu'on pouvait rire autant des savants ? Il faut baigner dans le milieu scientifique pour comprendre certaines des blagues mais, dans l'ensemble, voici un site drôle, rapide et efficace. Combien ça prend d'évolutionnistes pour changer une ampoule électrique ? Juste un, mais...

MODE ET HAUTE COUTURE

ELLE

http ://www.ellemag.com/hfm/index.html
- **Elle Web : résumés et exclusivités**
- **la patience est de mise**
- **présentation «** *esthet* **»**

Un heureux mélange de « *top model* » et d'informations sur la mode si, bien sûr, vous appréciez cette revue féminine. Stephanie Seymour est ravissante et l'aperçu de la saison 96 est complet. Toutefois, qui dit belles photos dit longs délais. Patience, les voyeurs !

Fashion in U.K.

http://www.widemedia.com/fashionuk/fuk.html
- **à la mode anglaise**
- **annuaire des designers anglais**
- **très jolie revue**

Excellent résumé du dernier numéro de la revue *Fashion in U.K.* (gentiment appelée *f.uk*!), un magazine qui gagne à être connu. De bons articles, un concept graphique bien spécial et, en prime, un annuaire des designers anglais.

Firstview

http://www.firstview.com/
- **7 000 photos de 100 designers**
- **en lots de 8, qu'on peut agrandir**
- **du beau monde et de beaux vêtements**

Collections hiver 1996, de Milan à New York, en passant par Paris. Plus de 7 000 photos d'une centaine de designers, dont les 114 créations d'Yves Saint-Laurent ou les 77 de Max Mara. Seul hic : aucune explication des vêtements montrés. Une chose est sûre : ce n'est pas le site idéal pour rehausser l'estime de soi !

PLEIN AIR ET JARDINAGE

Espaces *fr*

http://www.cam.org/~espaces/espaces.html
- **revue du plein air au Québec**
- **à bonne revue, beau site Web**
- **cherche canot usagé pas cher**

Site de la revue québécoise *Espaces*, pour les amateurs de plein air. Destinations, tests d'équipement, agenda des activités, reportages, petites annonces, tout y est. Une revue intelligente indexée dans un bien joli site.

SkiNet Canada *fr*

http://www.pubnix.net/~skimrg/fskinet.htm
- **skier au Québec et ailleurs**
- **l'état des pentes et la météo**
- **magazines et groupes de discussion**

Voilà la ressource pour les skieurs canadiens, et particulièrement ceux du Québec. Conditions météo quotidiennes par région et pour près de 70 stations québécoises, forums de discussion (les skinautes) et revues de tous les coins du continent.

Sportsite

http ://www.sportsite.com/
* **des liens vers le plein air**
* **du camping au racketball**
* **par sport ou par thème**

Il s'agit d'un excellent point de départ *made in United States* : des centaines de sites par sport (du racketball à l'alpinisme) ou par thème (des fabricants aux endroits pour pratiquer votre sport favori). Un site pour vous inciter à prendre l'air plutôt que faire de vous un athlète.

Internet Resources for Gardeners

http ://www.gardenweb.com/spdrsweb/
* **une belle collection de ressources**
* **jardinage, horticulture et botanique**
* **présentation simple et soignée**

Cette visite guidée commence par la tournée des jardins virtuels, des rhododendrons de Nouvelle-Zélande aux serres de Géorgie. On passe ensuite par l'information horticole, les bonnes manières botaniques, les revues spécialisées et les forums de discussion.

Jardinage organique

http ://www.av.qnet.com/~supak/org.htm
* **site original et bien documenté**
* **liens vers d'autes ressources**
* **pour les mordus et les militants**

Un peu de tout sur le jardinage sans pesticides ou engrais chimiques, et aussi de très bons liens vers d'autres sites traitant du même sujet. Un site interactif intéressant pour les mordus et les militants, qui sont invités à faire parvenir au *webmaster* leurs trucs et suggestions.

The virtual Garden/Time Life

http ://pathfinder.com/@@wzHu9APs4wEAQIW*/vg/Welcome/welcome.html
* **l'encyclopédie *Time Life* des plantes**
* **autres magazines et jardins virtuels**
* **un très beau site de Time-Warner**

Le Virtual Garden contient les revues américaines *Sunset* et *Southern Living*, mais surtout l'extraordinaire encyclopédie des plantes de Time Life qui offre des illustrations et des indications pour plus de 1 400 variétés de plantes de jardin et d'intérieur. Superbe.

SportsZone (ESPN)

http://espnet.sportszone.com/
- **mégasite des sports nord-américains**
- **mise à jour à peu près immédiate**
- **certaines sections par abonnement**

Résultats aux minutes, résumés des parties, classements, statistiques, commentaires abondants, ragots de taverne : le site du réseau ESPN donne son 110 %, lui. Une section est réservée aux abonnés, mais la portion publique pourra satisfaire la totalité des amateurs ordinaires.

Le Matinternet – Le sport en bref *fr*

http://www.matin.qc.ca/sports.htm
- **manchettes et résultats sportifs**
- **le hockey d'abord, et le reste ensuite**
- **en français, mais moins complet**

Les pages sportives du Matinternet contiennent les manchettes et les résultats récents des sports professionnels les plus connus (avec plus d'emphase sur le hockey) et le lot habituel de statistiques mises à jour. Ça manque un peu d'images et de style.

Sports Illustrated

http://pathfinder.com/@@07*TrbLOYAIAQCOm/si/simagazine.html
- **la revue des gérants d'estrade**
- **baseball, football, hockey, etc.**
- ***look* sans compromis, lenteur garantie**

Bien connue des maniaques du sport et des bikinis, cette revue américaine figure aussi parmi les plus complètes du réseau : articles du numéro courant, textes quotidiens de l'agence SportsTicker, résultats des parties, statistiques. Quelques photos tout aussi... sportives.

Yahoo ! scoreboard

http://sports.yahoo.com/sports/
- **dépêches, résultats, statistiques**
- **basket, hockey, football, etc.**
- **à la Yahoo ! : juste les faits, man !**

Manchettes, résultats et calendrier des sports professionnels nord-américains. Comme toujours, Yahoo ! privilégie la vitesse avant tout : pas de photos sur le site, mais des feuilles de pointage révisées aux cinq minutes environ. Alimenté par l'agence SportsTicker.

The Nando Sports Server

http ://www.nando.net/SportServer/
- **un classique du genre**
- **sports professionnels et autres**
- **site très dynamique (forums)**

Il s'agit de la section des sports professionnels du célèbre Nando Times. Le traitement visuel manque un peu d'éclat, mais tout y est, y compris les dernières photos sportives des agences de presse et des forums de discussion pour les fanatiques de tout acabit.

Canadian Sports (Netlinks)

http ://www.interlog.com/~csteele/can8.html
- **le sport au Canada**
- **les fédérations et les pages des équipes**
- **de tout pour tous les goûts**

Cette page du guide NetLinks répertorie à peu près tous les sites sportifs du Canada, depuis l'association du patin à roulettes jusqu'aux pages – officielles ou non – des équipes sportives de Montréal, Toronto, Calgary et Vancouver.

Le Coq Sportif, Guide to Hockey

http ://www.canadas.net/sports/Sportif/indexreg.html
- **tout sur le hockey professionnel**
- **en anglais malgré les apparences**
- **mise à jour hebdomadaire**

Tout en anglais malgré les apparences, ce carrefour canadien du hockey saura satisfaire autant les amateurs des Rouges que ceux des Bleus, des Jaunes ou des Noirs. Reportages, statistiques et rumeurs, tout y est. Curieusement, un autre point de départ important pour le hockey est situé à Honolulu (Hawaï).

Sport automobile (FIA)

http ://www2.fia.com/fia/homepage/fia_ts-f.htm
- **la FIA dans toute sa splendeur**
- **complet... mais en chantier**
- **le classement dans toutes les séries**

Le site officiel de la Fédération internationale de l'automobile (FIA) : les règlements et le classement de dizaines de séries de la FIA, des Dragsters à la Formule Un. D'ailleurs, l'article 2.6 intitulé *Le devoir du concurrent* vous révélera tout. Bref, des données générales pour demeurer à jour.

Television Schedules of the World

http ://www.buttle.com/tv/schedule.htm
- **site de liens par pays**
- **tout sur la grille horaire polonaise**
- **pas très pratique mais réconfortant**

Qu'écoutent les Norvégiens à 19 h à TV 3 ? *Tvillingem* Eh oui ! Chaque jour, une trentaine de pays déploient leur écran cathodique sur ce site. Un bel aperçu de ce que chaque pays offre au bon peuple...

The Daily Dose

http ://web3.starwave.com/showbiz/dailydose/
- ***jet set* américian**
- **entrevues et reportages triés**
- **télé, cinéma : *what's new duck* ?**

Des entrevues avec les vedettes américaines, des reportages mondains (dont l'histoire du Colonel Sanders !) ainsi que les nouveautés hebdomadaires de la télé, du cinéma et de la musique. On apprend entre autres que Bo Derek ne joue pas nue dans son dernier film.

The Gigaplex

www.gigaplex.com/wow/homepage.htm
- **tout, sauf le travail**
- **américain**
- **gigantesque**

De la télé aux voyages, et du golf au yoga, le Gigaplex ne recule devant rien de ce qui peut divertir ! En 600 pages et des centaines de clips audio et vidéo, ce Webmagazine démesuré passe d'une entrevue avec Bill Gates aux dernières rumeurs sur les *soaps* de la télé américaine.

TV Net

http ://www.tvnet.com/TVnet.html
- **télé et e-mail**
- **et beaucoup plus**
- **Letterman vous agace ? Écrivez-lui !**

Vous voulez vous plaindre ? TV Net vous propose les adresses électroniques des stations de télé canadiennes et américaines par région et par ville, ainsi que des centaines de liens vers des émissions et des artisans du petit écran. Impressionnant !

What's on Tonite !

http ://www.tv1.com/
- **les émissions américaines de télé**
- **recherches aisées**
- **pour ne rien manquer**

Le *TV Hebdo* de la télé américaine ! On peut chercher par grille horaire, heure de diffusion, catégorie d'émission ou canal. Pour les boulimiques de l'écran cathodique.

Zoo virtuel (animaux)

Exotic Feline Virtual Sanctuary

http ://evolution.bio.cornell.edu/EFVS/
- **les félins : tigres, lions, panthères...**
- **des centaines de belles photos**
- **pour les amateurs et les enfants**

Ce zoo virtuel présente les félins de tout poil. Le site ne contient aucun texte d'accompagnement et sa présentation est rudimentaire, mais on y trouve une centaine de très belles photos de jaguars, de lions, de panthères et de lynx... en apparente liberté. Adorable.

La page des insectes

http ://info.ex.ac.uk/~gjlramel/six.html
- **connaissances de base sur les « bébites »**
- **introduction à quelque 500 000 espèces**
- **peu d'images mais tous les records**

Information vulgarisée : anatomie, taxonomie, évolution, les ordres, etc. Bien présenté mais peu d'images. Inclut un lien vers le Book of Insects records (université de Floride) qui passionnera les entomologistes amateurs et toutes les espèces de curieux normaux.

ZooNet

http ://www.mindspring.com/~zoonet/
- **un très beau zoo virtuel**
- **beaucoup de liens vers d'autres sites**
- **manque un peu de texte**

ZooNet est peut-être le plus grand et le plus beau site animalier d'Internet : avec de très belles collections photographiques, des liens vers les sites consacrés aux animaux et surtout vers à peu près tous les zoos – virtuels ou réels – de la planète.

Les oiseaux du Québec

fr

http://ntic.qc.ca/~nellus/

- **le paradis de l'ornithologue amateur**
- **deux sites québécois à connaître**
- **l'un exhaustif et l'autre sélectif**

Pour les ornithologues amateurs du Québec, le site de Denis Lepage est un vrai régal : avec beaucoup d'information sur les actitivés et les associations régionales, et un immense répertoire. Signalons aussi *Les oiseaux de l'autoroute électronique* de Denis Dumouchel qui nous propose une liste plus sélective des sites Internet et, en prime, ses lieux d'observation préférés en Estrie.

Politique et société

Pouvoir et démocratie :
les partis, opinions et les élections

Le directeur des élections du Québec *fr*
http ://www.dgeq.qc.ca/
- **documentation officielle**
- **découpage électoraux, financement, etc.**
- **résultats des courses de chevaux**

Tout ce que vous avez toujours voulu savoir sur le découpage électoral au Québec, les sources de financement politique, les scrutins. Vous pouvez consulter les textes officiels de la loi électorale ou revoir les résultats des référendums de 1980, 1992 et 1995.

Le Protecteur du citoyen *fr*
http ://lys.sgo.gouv.qc.ca/ombuds/
- **communiqués et rapport annuel**
- **tout sur le titulaire Mᵉ Daniel Jacoby**
- **une boîte aux lettres pour se plaindre**

Un site bien conçu, où l'on trouve les communiqués de presse et les rapports officiels du Protecteur du citoyen, notamment le rapport annuel 94-95 déposé à l'Assemblée nationale du Québec. Une boîte aux lettres permet aussi de communiquer facilement avec l'organisme.

CAPAC en direct *fr*
http ://www.screen.com/francais.cpac
- **la chaîne parlementaire canadienne**
- **archives vidéo et documentation**
- **pour revoir Joe, Kim, John et Pierre**

La chaîne CAPAC diffuse (sur le câble) les délibérations de la Chambre des communes canadienne ou, hors saison, de certains comités permanents. Sur son site W3, on trouve des renseignements sur la programmation, des documents historiques et quelques clips vidéo (au format Quicktime) des Joe Clark, Pierre Trudeau ou Kim Campbell en pleine action.

Political resources on the net

http://www.agora.stm.it/politic/
* **répertoire incontournable**
* **partis, gouvernements et organisations**
* **international**

Vous cherchez des informations sur un parti, un gouvernement, une organisation politique ? Si cette instance a pignon sur le W3, vous trouverez un lien pour vous y mener à partir de ce répertoire très complet. Une bonne façon aussi de vous faire une idée des progrès du W3 dans le monde : en Afrique, six pays seulement sont présents.

The Unity Link

http://is.dal.ca/~ttyner/index.htm
* **répertoire du nationalisme québécois**
* **destiné aux fédéralistes**
* **mais l'information est utile à tous**

Le rendez-vous des chasseurs de « séparatisses ». Un choix d'adresses pour ceux et celles qui désirent »surveiller» les nationalistes québécois (ou tout simplement accéder à leurs sites d'information), ainsi que des renseignements de base comme la composition du cabinet Bouchard ou la liste des représentants du Bloc québécois à Ottawa.

Web Sites on National Parliaments

http://www.soc.umn.edu/~sssmith/Parliaments.html
* **répertoire international**
* **parlements, constitutions, ambassades**
* **sites officiels et autres**

Liste alphabétique des parlements nationaux qui ont une vitrine sur le W3. Aussi des liens pour trouver les constitutions ou les résultats des dernières élections un peu partout dans le monde. Et pour ceux et celles qui sont vraiment curieux, les sites des ambassades à Washington.

LA SOCIÉTÉ CIVILE : SYNDICATS ET O.N.G. DU MONDE ENTIER

CSN – Confédération des syndicats nationaux

fr

http://www.accent.net/csn/
* **un site syndical très bien structuré**
* **communiqués, articles, études, etc.**
* **aussi un répertoire de bonnes adresses**

Un site étonnamment riche en contenu, où l'on trouve les communiqués de presse de la centrale et des articles tirés des Nouvelles CSN, mais aussi des études et documents d'analyse plus fouillés, et une information très complète sur les programmes et les plans d'action du syndicat. Décidément, une organisation qui prend le W3 au sérieux.

EZLN – Ya basta !

http ://www.peak.org/~justin/ezln/ezln.html
- **communiqués et déclarations de l'EZLN**
- **en espagnol ou en anglais**
- **américain, bénévole et exemplaire**

En janvier 94, quand l'EZLN prit le Mexique par surprise, les commentateurs de partout furent aussi étonnés par la facilité avec laquelle les insurgés diffusaient leurs communiqués depuis les forêts du Chiapas. Ce site américain (eh oui !), qui retransmet et archive les messages de l'EZLN, a même été reconnu par les guides Point.com et Magellan.

Les bonnes adresses de Charlie Web

http ://didecs1-e.epfl.ch/~pcondeva/Charlie/Links/index.html
- **les choix de *Charlie Hebdo***
- **français et satirique**
- **voyez aussi des extraits du journal**

Le journal satirique français *Charlie Hebdo* relève la liste des adresses relatives à tous les thèmes chers à cette publication : grèves, politique, solidarité, pacifisme, antimilitarisme, écologie, défense des droits de la personne, antinucléaire, antifascisme, antisexisme. Il manque quelque chose ?

Nonprofit Resources Catalogue

http ://www.clark.net/pub/pwalker/
- **les thèmes sociaux**
- **répertoire par sujet**
- **d'un informaticien de *United Way***

Un internaute américain, Phillip Walker, a dressé cet impressionnant répertoire de ressources à propos de ce qu'on pourrait appeler « la société civile sans but lucratif ». Pour tous les bénévoles de la planète, ceux qui l'ont été et ceux qui le seront.

The Progressive Directory @igc

http ://www.igc.apc.org/igc/igc.html
- **la paix, l'environnement, la justice, etc.**
- **des répertoires très complets**
- **le réseau international des O.N.G.**

L'IGC est un réseau de grande importance pour les organisations liées au développement international et aux questions sociales. L'IGC offre d'ailleurs un service d'accès à Internet, auquel s'ajoutent des textes intégraux de l'agence IPS *Inter Press Service* et de 1 200 conférences spécialisées. Sur le W3, l'IGC offre quelques pages d'intérêt, dont cet imposant répertoire de ressources publiques.

The Right Side of the Web

http://www.clark.net/pub/jeffd/index.html
- **la droite américaine dans toute sa fierté**
- **« site conservateur du jour »**
- **de Ronald Reagan à Rush Limbaugh...**

Une multitude de liens vers des sites conservateurs *made in USA* et des forums d'actualité sur des questions du genre : « les deux policiers qui ont tabassé les deux Mexicains avaient-ils raison ? » Les réponses tournent autour de oui, ou oui mais, bon, ils y sont peut-être allés un peu fort... Très très conservateur, très très à droite et très très américain.

LES ENJEUX SOCIAUX :
CARREFOURS ET ACTUALITÉS

OneWorld News Service

http://www.oneworld.org/news/news_top.html
- **l'actualité Nord-Sud en profondeur**
- **du Brésil aux *sqatters* de Londres**
- **associé au *New Internationalist***

Ce grand carrefour d'information internationale est alimenté par des magazines comme *The New Internationalist*, des groupes populaires et des agences de développement. Une couverture intense de l'actualité Nord-Sud que les grands médias négligent souvent, et des dossiers très fouillés. Britannique, mais surtout pas royaliste.

State of the World Indicators

http://www.igc.apc.org/millennium/inds/
- **des indicateurs qui *fessent***
- **données, interprétation, tableaux**
- **pire que la dette fédérale**

Le *Millenium Institute* a créé une liste éloquente d'indicateurs planétaires du développement (si c'est le bon mot). Par exemple : au rythme actuel, dans combien d'années aurons-nous épuisé 80 % des réserves de pétrole, ou un tiers des espèces auront-elles disparu ? Réponses, notes et tableaux sur le site.

The World's Smallest Political Quiz

http://lydia.bradley.edu/campusorg/libertarian/wspform.html
- **jeu questionnaire américain**
- **découvrez vos opinions politiques...**
- **... ou celles des autres**

Vous ne savez pas vous-même si vous êtes à gauche ou à droite, un libertaire, un conservateur ou un fasciste ? Quelques questions (pensées pour un public américain, mais qu'importe) pour vous faire une opinion sur vos propres opinions. Léger et amusant.

Votelink

http ://www.votelink.com/
- **questions politiques et sociales**
- **des sondages d'opinion chaque semaine**
- **des forums pour en débattre**

Un site où les internautes répondent à des sondages virtuels sur des questions d'intérêts national et international. Chaque question ouvre aussi sur un forum, pour ceux et celles qui veulent aussi en découdre sur la place publique. Consacré à bon droit le meilleur site interactif de 1995 par GNN.

Forum Internet sur la sécurité alimentaire *fr*

http ://fao50.fsaa.ulaval.ca/francais/depart.html
- **l'alimentation au niveau planétaire**
- **forum interactif**
- **pour « alimenter » la réflexion**

Dans la foulée du Symposium tenu à Québec (en octobre 95) pour marquer le 50e anniversaire des Nations Unies, ce forum interactif a été mis sur pied à titre de lieu d'échange et d'information pour tous ceux et celles qui s'intéressent aux problèmes de l'alimentation à l'échelle mondiale.

ENB et Earth Times (Gopher)

gopher ://gopher.igc.apc.org/11/pubs/
- **développement durable**
- **archives de publications spécialisées**
- **du contenu pur et dur**

Maintenu par l'IGC, ce site Gopher contient les archives complètes du Earth Negociation Bulletin, du Earth Times et d'autres publications apparentées. Aucun charme, mais de quoi suivre de près les négociations planétaires sur l'environnement et le développement durable.

LES GROUPES ET LES THÈMES :
AUTOCHTONES, FEMMES, ETC.

Amnistie Internationale *fr*

http ://www.amnistie.qc.ca
- **un site d'information très complet**
- **les campagnes et les actions urgentes**
- **adhérez et agissez par Internet**

La section francophone d'Amnistie Internationale présente un site W3 très complet pour qui désire suivre les activités de l'organisme, ses campagnes en cours et les actions urgentes. Il est aussi possible d'adhérer au réseau d'Amnistie Internationale par le site. Les membres peuvent utiliser Internet par la suite pour participer à l'action.

Country Reports on Human Rights

gopher ://dosfan.lib.uic.edu :70/1D-
1 %3A22373 %3Ax1995 %20Report

- **les droits humains dans 194 pays**
- **rapports annuels du département d'état**
- **très très officiels...**

Fournit, directement du département d'État américain, les rapports annuels sur les droits humains dans 194 pays bien comptés avec, en prime, le texte complet de la conférence de presse du sécrétaire d'État et de ses adjoints. Objectivité à toute épreuve ou presque.

Développement international

http ://www.synapse.net/~acdi03/indexg/welcomef.htm

- **des répertoires par thèmes ou par pays**
- **contribution personnelle d'un spécialiste**
- **seule la page d'accueil est en français...**

Créée par un professionnel de l'ACDI, la Bibliothèque virtuelle sur le développement international comporte une multitude de répertoires sur des questions aussi pointues que l'assainissement des eaux ou la résolution de conflits. Un peu trop compartimenté, mais très utile pour s'orienter.

Envirolink Library

http ://www.envirolink.org/EnviroLink_Library/

- **carrefour impressionnant en matière d'écologie**
- **actualité et ressources thématiques**
- **l'univers francophone en moins**

Un grand carrefour de ressources en écologie avec, notamment, une couverture intéressante de l'actualité internationale, des liens vers des articles précis émanant d'autres publications et, bien sûr, une tonne de références bien classées.

Feminist Activist Resources on the Net

http ://www.igc.apc.org/women/feminist.html

- **ressources et organismes par sujet**
- **réseau international**
- **excellent répertoire de l'APC**

Si vous cherchez l'inspiration pour nourrir vos débats, la page de Sarah Stapleton-Gray est tout indiquée, avec des listes détaillées de ressources et d'organismes qui se préoccupent de santé, d'éducation, du droit à l'avortement ou de la lutte au sexisme. En visitant de tels sites, on ne peut que prendre conscience du dynamisme des groupes de femmes sur le réseau.

Greenpeace

fr

http ://www.greenpeace.org/fr-index.html
- **tout sur Greenpeace et ses campagnes**
- **documentation multimédia**
- **site de grande envergure**

Greenpeace n'a pas tardé à tirer bénéfice du réseau, et son site en français, à l'adresse citée, regorge d'informations sur ses campagnes internationales, le tout accompagné de photos, bandes sonores et vidéoclips. Captivant.

Guerrila Girls

http ://www.voyagerco.com/gg/gg.html
- **humour et antisexisme**
- **voyez leurs célèbres *posters***
- **textes et images bien ficelés**

Jetez un coup d'œil au site W3 des Guerrila Girls, un groupe de femmes artistes qui se veut la conscience (féministe) des milieux de l'art contemporain. Les *posters* qu'elles ont diffusés à New York, Londres ou Marseilles (en français) sont d'une rare efficacité.

Human Rights Library

http ://www.umn.edu/humanrts/
- **droits de la personne**
- **textes complets des traités**
- **répertoire de ressources par sujet**

De l'université du Minnesota, un site de référence pour tout ce qui touche aux droits de la personne, des traités internationaux aux sites d'O.N.G. et aux organisations multilatérales. On y trouve, par exemple, le texte complet de plus de 90 conventions, dont plusieurs sont disponibles en français.

Index on Censorship

http ://www.oneworld.org/index_oc/
- **la censure passée à la moulinette**
- **dossiers internationaux**
- **correspondants prestigieux**

Alimenté par des auteurs aussi réputés qu'Umberto Eco, Nadine Gordimer ou Salman Rushdie, ce magazine britannique traite des atteintes au droit à la libre expression à travers le monde. Très coûteux à l'abonnement, *Index on Censorship* offre toutefois une sélection intéressante de ces pages sur le W3.

L'écologie sur la toile

http ://alex.union-fin.fr/usr/vannier/ecologie/ecologie.html
- **répertoire thématique en français**
- **orientation sérieuse**
- **présentation simple et agréable**

Cette page personnelle française est un complément utile aux répertoires anglophones dans le domaine de l'écologie. D'un goût assez académique mais présentée avec soin, la page d'accueil regroupe des répertoires thématiques très bien garnis. Cependant, l'accès au site est parfois difficile.

La censure : The File Room *fr*

http ://fileroom.aaup.uic.edu/FileRoom/documents/
homepagefr.good.html
- **archives internationales sur la censure**
- **présentés par un groupe d'artistes**
- **quelques pages en français**

Présentée de façon originale par un groupe d'artistes de Chicago, *The File Room* est une archive illustrée sur la censure ; elle comporte, par exemple, des notes sur un cas québécois qui date de 1970. Vous devinez ? *Nègres blancs d'Amérique* de Pierre Vallières.

Native Web

http ://web.maxwell.syr.edu/nativeweb/
- **les premières nations sur Internet**
- **répertoire sobre mais assez complet**
- **touche à tous les sujets**

Logeant à l'université de Syracuse mais créé par un groupe international de bénévoles, ce répertoire de ressources consacrées aux peuples autochtones touche à tous les sujets, des arts à la condition des femmes, en passant par l'environnement et les langues ancestrales. Un point de départ sobre mais efficace.

The Dark Side of the Net

http ://www.vir.com/Shalom/hate.html
- **les sites haineux et anti-haineux**
- **fascinants et troublants tout à la fois**
- **gérés par une association juive**

Internet est le nouveau champ de bataille contre la propagande haineuse. Plutôt que de les contraindre au silence, la société Hillel de l'université McGill leur tient tête, réfute leurs thèses et leurs préjugés. Les sites racistes et antiracistes les uns en face des autres.

Les ressources communautaires régionales

NETpop

http ://www.cam.org/~alanroy/netpop.htm
- **bottin des groupes populaires**
- **VO, Alternatives et le PRAFRU en prime**
- **le rendez-vous des militants**

Ce bottin des groupes populaires et des services communautaires de la région de Montréal est encore incomplet, mais bien réalisé au plan technique. De plus – ou surtout – Net pop héberge désormais les versions électroniques des mensuels *Alternatives* et *VO* (*Vie Ouvrière*, si vous préférez), et un site d'information du FRAPRU.

Libertel de Montréal *fr*

http ://www.libertel.montreal.qc.ca/freenet_fra.html
- **un fournisseur gratuit mais virtuel**
- **information sur les services sociaux**
- **plus de bonne volonté que de moyens**

Dans une catégorie bien à part, le Libertel de Montréal offrira (éventuellement...) des services d'accès gratuits à Internet. En attendant, le site WWW offre déjà des renseignements de portée régionale, en particulier, sur les services sociocommunautaires.

Réseau des aînées et aînés du Québec *fr*

www.comm.uqam.ca/aine/page1.htm
- **information et ressources**
- **encore en construction**
- **mais les fondations sont solides**

La Coalition des aînées et aînés du Québec cherche à regrouper toutes les associations, groupes ou organismes privés ou publics intéressés à devenir fournisseurs d'informations pour les aînés. Le site est encore en élaboration, mais semble voué à un développement rapide.

Santé et médecine

New York Times Your Health Daily

http ://nytsyn.com/medic/
- **une bonne dose d'actualité médicale**
- **contenu varié et accessible à tous**
- **articles récents et archives**

Le magazine *Our Health Daily* rassemble des articles récents parus dans le *New York Times*, le *Boston Globe* et d'autres journaux américains. En plus des manchettes de la semaine, on peut consulter de vastes archives bien classées par sujet.

Reuters Medical News

http ://www.reutershealth.com/news/
- **beaucoup de contenu tous les jours**
- **pour les spécialistes et les journalistes**
- **navigation facile et présentation sobre**

Reuters diffuse des dizaines de dépêches tous les jours relativement à la médecine, et tous ces textes sont accessibles sans frais sur le W3. Ça fait beaucoup de petits caractères, toutefois : faites plutôt des recherches par mot clé dans les archives.

L'AMC en direct   *fr*

http ://www.hwc.ca :8080/cma/home_f.htm
- **actualité de la recherche**
- **du contenu canadien avant tout**
- **compétent mais pas très excitant**

L'Association médicale canadienne rapporte fidèlement les dernières nouvelles de la recherche au Canada, présente des résumés de son journal et offre une panoplie de liens utiles vers d'autres sources d'information. Partiellement bilingue.

Medical Breakthroughs (Ivanhoe)

http ://www.ivanhoe.com/
- **les échos de la recherche médicale**
- **reportages et résumés hebdomadaires**
- **langage accessible**

Pour ceux et celles qui suivent la recherche et les innovations médicales de près, le réseau Ivanhoe Broadcast News propose chaque semaine un choix de reportages et plusieurs résumés d'études récentes. Les archives sont aussi accessibles sur le site.

New England Journal of Medicine

http ://www.nejm.org/
- **journal prestigieux**
- **résumés, archives, conférences**
- **babillard professionnnel**

Hebdomadaire de renommée mondiale, le *New England* s'est doté d'une excellente vitrine sur le W3, où l'on trouve les résumés des études publiées dans les numéros courants et récents, les conférences annoncées et les sections de petites annonces (postes à combler).

The British Medical Journal

http ://www.bmj.com/bmj
- **une partie seulement des articles**
- **pas de recherche par mot clé**
- **visuellement attrayant**

Une des plus importantes revues sur la recherche médicale, *The British Medical Journal* offre quelques textes de chaque numéro et les résumés de quelques autres. Les archives (depuis mars 1995) sont aussi accessibles, mais sans possibilité de recherche par mot clé, ce qui en limite l'utilité.

L'INFORMATION DE BASE :
SANTÉ PERSONNELLE ET PRÉVENTION

Glossaire multilingue de la médecine *fr*

http ://allserv.rug.ac.be/~rvdstich/eugloss/welcome.html
- **1 800 termes médicaux en 8 langues**
- **les équivalences en langage populaire**
- **définitions en anglais seulement**

Une idée de la Commission européenne, ce glossaire contient la traduction d'environ 1 800 termes médicaux dans 8 langues différentes, y compris les appellations populaires correspondantes. Les définitions (succinctes) ne sont données qu'en anglais toutefois.

CDC Prevention Guidelines

http ://wwwonder.cdc.gov/wonder/prevguid/prevguid.html
- **les guides américains en matière de santé publique**
- **beaucoup d'information spécialisée**
- **présentation sans attraits**

Un *compendium* complet des guides officiels américains publiés par les Centers for Disease Control and Prevention (CDC), comprenant des recommandations destinées aux voyageurs internationaux (selon les pays). Recherche par sujet ou par mot clé.

Go Ask Alice !

http ://www.cc.columbia.edu/cu/healthwise/alice.html
- **réponse à toutes vos angoisses**
- **style direct et langage clair**
- **fiable (université Columbia)**

Toutes les semaines, Alice répond aux questions qu'on lui soumet, des risques de la consommation d'alcool à la teneur en gras des bananes. Bien documentées et toujours d'actualité, ses chroniques de vulgarisation sont appréciées d'abord pour leur précision sans détour et sans manières.

Health Care FAQ

http ://www.social.com/health/faqs.html
- **contenu abondant et varié**
- **FAQ provenant des forums Usenet**
- **présentation rudimentaire**

Extraits des forums de discussion Usenet, on trouve ici rassemblés une trentaine de FAQ portant sur autant de sujets, de la migraine au ronflement, en passant par le syndrome de la fatigue chronique. Présentation sans attraits, mais documentation utile.

Health Information (Columbia)

http ://www.columbia.net/consumer/consumer.html
- **entevues avec des médecins**
- **sujets variés**
- **les cyberconseils du Dr Welby**

De l'asthme au strabisme, en passant par le diabète et les maladies infantiles, le site de Columbia/HCA présente une foule d'articles de vulgarisation et quelques entevues avec des médecins spécialistes. Pour le grand public, par une des plus grandes corporations médicales américaines.

Le médecin de l'Internet

fr

http://www.montrealnet.ca/netdoctor/franinto.html
- **service d'aide en français**
- **par courrier électronique**
- **informations succinctes**

Un autre service d'informations médicales, mais en français cette fois. Il contient quelques brèves informations sur des sujets faciles (migraine, rougeole), mais l'essentiel se fait par courrier électronique : l'usager pose une question et on lui promet une réponse.

The Virtual Hospital

http://vh.radiology.uiowa.edu/Patients/Patients.html
- **information vulgarisée**
- **sujets variées**
- **classement par organe affecté**

Un très bon site d'informations de base sur plusieurs problèmes de santé, classés par organe affecté et par unité de soins. On y trouvera des guides médicaux sur les problèmes de dos, par exemple, ou sur l'allaitement maternel. Université de l'Iowa.

Women's Medical Health Page

http://www.best.com :80/~sirlou/wmhp.html
- **femmes et santé : nouvelles médicales**
- **textes semi-spécialisés**
- **mise à jour régulière**

Le site est presque entièrement consacré à une revue de presse régulièrement mise à jour : les dernières nouvelles du monde de la recherche sur des problèmes de santé touchant les femmes. S'adresse au grand public autant qu'aux spécialistes.

Safer Sex Page

http://www.safersex.org/
- **site de vulgarisation bien conçu**
- **contenu varié et d'actualité**
- **navigation facile**

Le comment et le pourquoi. Comment aborder les questions sexuelles avec son partenaire : les condoms, le sida, le contrôle des naissances. Chaque thème offre quelques articles explicatifs faciles à comprendre. Comporte aussi un répertoire de sites web liés au même sujet.

Schizophrenia

http ://www.pslgroup.com/SCHIZOPHR.HTM
- **information générale**
- **textes courts**
- **pratique**

Une présentation sans fard de la schizophrénie : les symptômes et les traitements disponibles. Le site contient aussi les dernières nouvelles du milieu médical et de l'industrie pharmaceutique, et enfin un répertoire des sites W3 liés de près ou de loin au sujet.

Parenting, Domestic Violence, Abuse...

http ://www.mcs.net/~kathyw/home.html
- **des resources pour les parents**
- **aussi pour les victimes d'abus**
- **un site réalisé avec soin**

La page de Kathy est un centre de référence utile pour un choix de sujets délicats. On y trouve des ressources d'intérêt général pour les parents, mais aussi des sections s'adressant aux victimes d'abus ou de violence. Un travail soigné et sobre.

Paracelse intoxications   *fr*

http ://152.77.200.66/paracelse/paracelse.html
- **ce qu'il faut savoir à propos des intoxications**
- **aide-mémoire pour médecins**
- **ou pour toxicomanes inquiets**

Base de connaissances sur les intoxications humaines aiguës, Paracelse s'adresse d'abord – mais pas uniquement – aux professionnels de la santé. Pour chaque substance toxique, on trouve une information succincte mais claire : risques associés, conduite à suivre, approches thérapeutiques.

LES PRÉOCCUPATIONS DE L'HEURE :
CANCER, SIDA...

Medinfo.org (cancer)
http ://www.medinfo.org/
- **archives des listes de discussion**
- **simple et pratique pour la recherche**
- **lien vers le National Cancer Institute**

Ce site rassemble les archives complètes des listes de discussion relatives au cancer. On peut y faire des recherches par mot clé ou par sujet. De là, on peut également consulter l'excellente série des fiches documentaires réalisées par le National Cancer Institute.

Oncolink (cancer)
http ://cancer.med.upenn.edu/
- **le meilleur centre d'information**
- **documentation de base et spécialisée**
- **de l'université de Pennsylvanie**

La référence Internet pour tout ce qui concerne le cancer, Oncolink regroupe à peu près toutes les sources d'information disponibles en anglais : information de base, revues spécialisées, dernières nouvelles, liens vers les pages W3 d'autres organismes. Un site carrefour.

Aids Treatment News
http ://www.hivnet.ch/anais/f/ATN.cgi
- **nouveaux traitements du sida**
- **résumé de l'actualité**
- **annonces et études en cours**

Publié deux fois par mois, ce bulletin spécialisé rend compte des études en cours et des informations publiques concernant les nouveaux traitements du sida. C'est une bonne synthèse de l'actualité, même si une partie de l'information est d'intérêt plus régional (Californie).

HIVNET Paris – Sida
http ://www.hivnet.fr/
- **point de départ très complet**
- **documentation de base sur place**
- **liens aux listes et forums**

Le plus important site francophone sur le sida, HIVNET recense à peu près toutes les sources d'information disponibles sur le réseau, y compris les listes et forums de discussion. Attention ! faute de financement, cet excellent service pourrait être interrompu prochainement. Dans ce cas, voyez le pendant suisse du réseau HIVNET.

Outbreak
http ://www.objarts.com/outbreak-unreg/
- **épidémies et virus en émergence**
- **information de base et spécialisée**
- **un site connu depuis Ebola**

En mars 1995, quand le virus Ebola semait la terreur au Zaïre et la frousse partout ailleurs, la page de David Ornstein, The Ebola Page, a servi de centrale d'information sur le réseau, mise à jour à mesure que les dépêches arrivaient de Kitwit. Le site est aujourd'hui un carrefour d'information sur tous les virus en émergence. Inscription requise, mais sans condition et sans frais.

Cool Medical Site of the Week
http ://www.hooked.net/users/wcd/cmsotw.html
- *cool* et médical dans la même phrase
- par un étudiant en médecine
- posologie : une fois par semaine

Sous ce titre un peu racoleur, on trouve en fait une très bonne sélection de sites américains dans le domaine médical. La liste est bien sûr incomplète et les choix sont subjectifs, mais l'ensemble constitue un bon point de départ pour l'exploration du W3 médical.

MedWeb Biomedical Internet Resources
http ://www.emory.edu/WHSCL/medweb.html
- la référence en matière d'information spécialisée
- utilisez la recherche par mot clé
- attention ! infiniment sobre

Un des sites les plus réputés de tout l'Internet médical, MedWeb contient des listes de ressources spécialisées très complètes pour toutes les disciplines, en plus d'un excellent répertoire des publications électroniques du domaine médical. Université Emory.

Serveurs dans le domaine de la santé
http ://www.chu-rouen.fr/dsii/html/watch.html
- le meilleur répertoire en français
- de l'information surtout spécialisée
- sur un fond d'écran vert hôpital

Le répertoire du CHU de Rouen (France) propose des listes de ressources classées par spécialité et par type (journaux électroniques, listes de diffusion, hôpitaux). Une section spéciale regroupe les sites francophones. Mise à jour fréquente.

Six Sense Review : le Top 5 en médecine
http ://www.sixsenses.com/
- des sites choisis et bien commentés
- très sélectif
- prouvés en laboratoire

Six Sense Review se définit comme un programme d'évaluation des sites W3 en médecine et santé. En clair, on y trouve un bon choix de ressources (mais uniquement américaines) avec des commentaires et un système de notation élaboré. Et les liens fonctionnent.

Clinical Medicine Resources

http ://www.kumc.edu :80/mmatrix/index.html
- **répertoire de haut niveau**
- **à l'intention des spécialistes**
- **perspective américaine**

Aussi connu comme Medical Matrix, ce guide exhaustif répertorie les ressources par spécialité médicale. La présentation est terne mais d'une grande clarté. Une seule faiblesse : la mise à jour n'est pas très régulière.

Emergency Medicine BBS
http ://essex.njnet.com/~embbs/
- **centre d'éducation médicale**
- **images radiologiques, CT scan, etc.**
- **l'électrocardiogramme du mois en prime**

L'Emergency Medicine Bulletin Board System (EMBBS) équivaut à une immense bibliothèque médicale en ligne, dotée de vastes collections d'images médicales et d'une abondante documentation, en orthopédie comme en toxicologie. Par et pour des médecins.

Multimedia Medical Reference Library

http ://www.tiac.net/users/jtward/index.html
- **carrefour de la documentation**
- **textes, images, bandes sonores, etc.**
- **pour la recherche spécialisée**

Un centre de référence de haute voltige, avec des liens vers plus de cinquante domaines d'information, des allergies à la virologie, en passant par l'anatomie et l'anesthésie. D'autres sections donnent accès aux banques d'images médicales, aux écoles de médecine, etc. Quelques liens sont désuets, mais l'ensemble est impressionnant. Il existe aussi une version sans multifenêtrage.

Medscape
http ://www.medscape.com/
- **la Mecque de l'information médicale**
- **contenus imposants et navigation facile**
- **gratuit mais avec enregistrement**

Le plus grand site américain du genre, Medscape s'adresse d'abord aux professionnels et aux étudiants en médecine. Les textes et les illustrations sont en effet de haut niveau scientifique (programmes de formation médicale continue). Le grand public y trouvera une documentation de base abondante et toujours d'actualité.

Drug InfoBase

http ://pharminfo.com/drg_mnu.html
- **information sur les médicaments**
- **articles d'évaluation et FAQ**
- **archives de sci.med.pharmacy**

Il s'agit d'une banque de données sur les médicaments, classées par appellation générique ou marque de commerce, et accompagnées des évaluations du Medical Science Bulletin. Sur ce site très riche du Pharmaceutical Information Network, on trouvera aussi les archives du forum sci.med.pharmacy et les communiqués de l'industrie.

Medline (MEDLARS)

http ://www.cisti.nrc.ca/cisti/eps/medlarsf.html
- **par abonnement seulement**
- **accès direct et tarifs raisonnables**
- **essentiel aux professionnels**

Au Canada, c'est l'Institut canadien de l'information scientifique et technique qui coordonne l'accès aux banques de données MEDLARS (dont Medline). À noter toutefois : la National Library of Medicine envisage d'offrir aussi son service directement aux usagers internationaux. Voir les informations sur le site.

Pediatric Database

http ://www.icondata.com/health/pedbase/index.htm
- **les maladies infantiles de A à Z**
- **définition, symptômes, traitement**
- **contenu semi-spécialisé**

Cette banque de données rassemble des informations sur plus de 500 maladies infantiles. Pour chacune d'elle, on trouvera la définition, les symptômes, des statistiques et les traitements. La banque peut être téléchargée gratuitement. En anglais seulement

LES INSTITUTIONS

American Medical Association

http ://www.ama-assn.org/home/amahome.htm
- **vitrine des publications de l'A.M.A.**
- **les résumés du Journal, etc.**
- **réalisation impeccable**

L'A.M.A. a fait les choses en grand et présente un site W3 aux contenus très riches et de réalisation impeccable. On trouvera, entre autres, des résumés extraits de son Journal (JAMA), de l'American Medical News, ainsi que des Archives spécialisées. L'accès est totalement public mais l'inscription est requise.

Centers for Disease Control (CDC)

http://www.cdc.gov/

- **la référence américaine en matière de santé publique**
- **information de base et spécialisée**
- **présentation médiocre**

Le célèbre Centre de contrôle et de prévention des maladies d'Atlanta n'a rien fait pour séduire les esthètes, mais son site W3 demeure l'une des meilleures références en matière de santé publique dans Internet. On y trouve de tout, des guides de prévention destinés aux voyageurs jusqu'au MMWR, un bulletin hebdomadaire bien connu des spécialistes.

L'Organisation mondiale de la santé   *fr*

http://www.who.ch/

- **communiqués et documentation**
- **consultation facile**
- **uniquement en anglais pour l'instant**

L'OMS diffuse beaucoup d'informations sur son site, y compris ses communiqués de presse, un résumé du World Health Report 95, l'hebdomadaire *Relevé épidémiologique* et des données récentes sur l'état de diverses maladies par pays.

La Croix Rouge

http://www.icrc.ch/

- **communiqués de presse**
- **information sur l'organisme**
- **divers dossiers d'actualité**

Le site de l'International Committee of Red Cross contient les communiqués de presse et la description des activités de l'organisme. On y trouve aussi de l'information sur des sujets tels que les mines antipersonnelles, les enfants et la guerre, etc. En anglais seulement.

Sciences et technologies

S'INFORMER SUR LA SCIENCE

Québec-Science

$\it{fr}$

http://www.QuebecScience.qc.ca/
- **la science au Québec**
- **sommaire, calendrier, liens**
- **vulgarisation raffinée**

Voilà l'un des meilleurs sites web élaboré par un média québécois, toutes catégories confondues. Le contenu n'est pas aussi imposant que celui de certains sites américains, mais il est en français... un cadeau rare. À consulter : le calendrier des événements scientifiques québécois.

Science Magazine

http://science-mag.aaas.org/science/home/browse.html
- **contenu abondant**
- **semi-spécialisé**
- **excellents résumés d'articles**

Un hebdomadaire célèbre dont le site offre un résumé de tous les articles (depuis juin 95) et quelques textes de fond. Pas de vulgarisation par ici, mais la lecture des résumés est souvent fascinante. Publié par l'Association américaine pour l'avancement des sciences.

The New Scientist

http://www.newscientist.com/
- **pour tous**
- **montagnes d'informations**
- **nombreuses idées originales**

Il s'agit d'un des meilleurs magazines scientifiques du monde, auquel ce site fait honneur. Il offre une partie du dernier numéro et des archives, en plus d'un contenu inédit mêlant le très spécialisé et le très vulgarisé – on ira jusqu'à vous démontrer que la nourriture dévorée par la lumière du réfrigérateur n'a plus aucune calorie !

Nature

http ://www.nature.com
- **magazine de grand prestige**
- **contenu semi-spécialisé**
- **dernières nouvelles en recherche**

Site incontournable, il contient le sommaire (section « What's New ») des derniers numéros de cette revue-phare pour la recherche scientifique, avec un résumé d'un paragraphe pour chaque article, les nouvelles de la semaine et les derniers développements dans les principaux champs de la recherche.

Preprints & Publishers & Books & Jour

http ://www.physics.mcgill.ca/physics-services/
physics_publ.html
- **répertoire pratico-pratique**
- **utile pour la recherche pointue**
- **visuellement nul, pas beau, primitif**

Un important répertoire des publications scientifiques ultraspécialisées qu'on peut trouver dans Internet. Le site est sans attrait, mais le fait que ces publications soient en nombre sans cesse croissant en fait un point de départ très efficace pour les recherches spécialisées.

The Discovery Channel

http ://www.discovery.ca
- **la vitrine du réseau Discovery (TV)**
- **inclut un répertoire de sites web**
- **abondamment illustrée**

À la base, il s'agit d'une simple vitrine publicitaire pour le réseau de télévision canadien Discovery ; la variété des émissions et les textes fouillés qui accompagnent chaque épisode en font cependant un site privilégié pour suivre l'actualité. Forums de discussion en prime, pour les passionnés sans mesure.

The Philadelphia Inquirer

http ://sln.fi.edu/inquirer/inquirer.html
- **textes simples et fouillés**
- **abondance de liens hypertextes**
- **collé à l'actualité**

Complément électronique d'un cahier scientifique de haut calibre publié par le quotidien de Philadelphie, le site offre deux ou trois nouveaux textes par mois – des mouches jusqu'à la station orbitale Alpha- sur un fait d'actualité, avec de nombreux liens vers les ressources pertinentes.

The Scientist

http ://www.the-scientist.library.upenn.edu/
- **contenu impressionnant**
- **débats scientifiques pointus**
- **spécialisé mais fascinant**

Un bimensuel pour scientifiques, qui offre une quantité impressionnante d'articles : analyses, commentaires, dernières nouvelles et même caricatures. Ça devient parfois très pointu, mais il fait le point sur les débats qui secouent les milieux scientifiques.

The Why Files

http ://whyfiles.news.wisc.edu
- **vulgarisation scientifique**
- **collé à l'actualité**
- **un ou deux articles par mois**

Qu'est-ce que la maladie de la vache folle ? Et une comète, qu'est-ce que c'est ? C'est à ce genre de questions toutes simples ou exaspérantes que tente de répondre ce magazine de vulgarisation sans prétention. Avec quelques *cool science images* pour compléter le tout.

Les Sceptiques du Québec

http ://www.libertel.montreal.qc.ca/info/Sceptiques/
- **articles de fond**
- **vitrine pour l'association**
- **pour lancer la discussion**

Médecine douce, astrologie, etc., ce site reprend plusieurs articles parus dans le magazine *Québec sceptique* (archivés par thème). Moins fourni que son équivalent américain, mais le seul du genre en français. Offre aussi des liens vers les sites web pertinents.

LES SCIENCES DE LA VIE ET DE LA NATURE

Access Excellence

http ://www.gene.com/ae/about_ae.html
- **sujets variés en biologie**
- **surtout pour les profs**
- **d'intéressants forums**

Un lieu d'information et d'échange pour les profs de biologie, avec des forums de discussion assez animés sur la biologie et l'enseignement. Le programme Access Excellence organise en outre de nombreuses activités pour garder les biologistes à jour sur ce qui se passe chez eux.

BioTech Resources & Dictionary

http://biotech.chem.indiana.edu/pages/contents.html
- **point de départ impressionnant**
- **navigation simple et agréable**
- **de tout pour tous**

Immense mégaressource, comprenant notamment un dictionnaire des biotechnologies, des ressources populaires spécialisées en biologie et biotechnologies, une page de ressources
professionnelles, et des répertoires des magazines spécialisés
et industriels. Le tour guidé est à faire.

Institut Pasteur

fr

http://www.pasteur.fr
- **vulgarisation scientifique**
- **vitrine pour l'Institut**
- **pour amateurs de biologie**

Il aurait pu s'agir d'une banale vitrine pour l'Institut Pasteur,
mais les concepteurs ont fait l'effort d'inclure de l'information
pour le grand public sur des sujets tels que la rage et la
thérapie génique, et surtout une longue et intéressante description de la vie et de l'œuvre de Louis Pasteur. Contient aussi
un répertoire de sites en biologie.

The Tree of Life

http://phylogeny.arizona.edu/tree/phylogeny.html
- **contenu prometteur**
- **vulgarisation scientifique**
- **navigation pas toujours facile**

Un projet aussi original qu'ambitieux, visant à construire l'arbre
généalogique de toutes les espèces vivantes, en fournissant à
l'internaute de l'information sur chacune des branches. Seules
les premières pages sont actuellement complétées, mais elles
procurent déjà de quoi s'instruire pendant des heures.

Virtual Library Biosciences

http://golgi.harvard.edu/biopages.html
- **bon point de départ**
- **navigation facile**
- **pas trop lourd**

Un répertoire assez complet et facile à comprendre des ressources du Net, liées de près ou de loin à la biologie : ça va
de l'entomologie à la médecine en passant par les poissons.
Certains liens conduisent vers d'autres répertoires thématiques, ailleurs dans le monde.

Chemistry Teaching Resources

http ://www.anachem.umu.se/eks/pointers.htm
- **répertoire imposant**
- **brèves infos sur les sites**
- **mises à jour régulières**

Un autre imposant répertoire, moins abondant que celui de l'université Laval, mais qui a l'avantage d'offrir une brève description de chacun des sites, ce qui peut sauver du temps. La navigation est facile et la présentation ne choque pas l'œil.

La chimie sur Internet

http ://www.chm.ulaval.ca/~departem/chmintern/chemstuff.html
- **excellent point de départ**
- **navigation facile**
- **ressource indispensable en chimie**

Un répertoire hypercomplet des ressources en chimie : départements universitaires, centres de recherche, groupes commerciaux, colloques, etc. Le tout est réalisé à l'université Laval, de Québec, où l'on a bizarrement choisi d'écrire les divisions thématiques en anglais seulement.

Tableau périodique des éléments

http ://www-c8.lanl.gov/infosys/html/periodic/periodic-main.html
- **information de base sur l'univers**
- **toujours aussi nébuleux**
- **présentation du moins attrayante**

Si c'est vraiment ce que vous cherchez, voici sans doute le plus attirant des tableaux périodiques offerts sur le Net. Contenu sans surprise : les données de base sur chacun des 109 éléments connus dans l'univers. En anglais, mais surtout en chinois.

Centre canadien de télédétection fr

http ://www.ccrs.nrcan.gc.ca/ccrs/homepg.pl ?f
- **contenu abondant**
- **présentation attrayante**
- **semi-spécialisé**

Un site étonnamment intéressant et dynamique pour un sujet *a priori* aride. L'information est abondante ; le bulletin spécialisé (trois livraisons par an) n'est pas trop rebutant, et les quelques images RADARSAT, le satellite d'observation de la Terre, méritent le détour.

Réseau sismographique national canadien *fr*

http://www.seismo.emr.ca/welcome_f.html
- **contenu attirant**
- **des cartes utiles et instructives**
- **bel effort côté présentation**

Il faut jeter un œil sur la carte de l'activité sismique récente pour se rendre compte que la terre tremble pas mal plus souvent qu'on ne l'imagine. Ce site fournit de l'information sur les séismes au Canada et une description de chacun des tremblements de terre majeurs des dernières années.

Earth Sciences & Map Library

http://www.lib.berkeley.edu/EART/
- **point de départ en géographie**
- **répertoire facile à suivre**
- **présentation agréable**

Gigantesque répertoire des ressources Internet en géographie et en cartographie – incluant le catalogue de la section « géographie » de la bibliothèque de Berkeley, le seul élément inutile pour nous sur ce site. Impeccablement classifié et facile à suivre, mais un peu long à télécharger.

Volcano World

http://volcano.und.nodak.edu/vwdocs/vwabs.html
- **information variée**
- **un sujet... brûlant**
- **un site attrayant pour les profanes**

Un site dynamique et coloré offrant pas mal d'informations sur les volcans à travers le monde, une carte de l'activité volcanique et des récits – plutôt techniques, avec des liens vers des informations supplémentaires et des photos – des éruptions récentes. Pour les amateurs de flammes et de feu.

Les sciences du calcul et de l'espace

Mathématiques

http://aleph0.clarku.edu:80/~djoyce/mathhist/time.html
- **visuellement original**
- **contenu accessible**
- **bon outil de recherche**

Une façon originale de faire l'histoire : un tableau chronologique, genre de flèche du temps sur laquelle sont situés les noms de ceux et celles qui ont marqué l'histoire des mathématiques. Chacun ayant évidemment droit à un court article, avec des liens hypertextes pour les plus importants.

Chance Database
http ://www.geom.umn.edu/docs/snell/chance/welcome.html
- **probabilités, hasard, statistiques**
- **du contenu en abondance**
- **les maths rendues agréables**

Un cours universitaire sur la chance ? Et une banque de données sur le hasard ? C'est pourtant bien ce qu'offrent quelques chercheurs des universités américaines intéressées aux sciences du hasard ; ils publient même un bulletin hebdomadaire. Les archives depuis 1992 sont accessibles.

FAQ en mathématiques
http ://daisy.uwaterloo.ca/~alopez-o/math-faq/math-faq.html
- **bel effort de vulgarisation**
- **de navigation facile**
- **mais pas toujours simple à suivre**

Du « Qu'est-ce qu'un nombre » jusqu'au théorème de Fermat, cette foire aux questions tente de faire le tour des mathématiques, ce qui constitue tout un programme. Le résultat : un site très bien structuré, on sait tout de suite où aller, mais certaines des réponses ne sont pas plus claires pour autant.

Pitsco Resources for Maths
http ://pitsco.inter.net/pitsco/pitsco/math.html
- **point de départ en maths**
- **agréable à l'œil**
- **mais pas d'infos sur les sites**

Un bon point de départ en mathématiques, qui fait partie du répertoire Pitsco et qui contient d'autres répertoires thématiques utiles. Un seul défaut : aucun site n'est décrit et la structure manque de divisions thématiques pour s'y retrouver.

Fermilab
http ://fnnews.fnal.gov/
- **contenu assez spécialisé**
- **présentation attirante**
- **vitrine promotionnelle**

Un mélange de vitrine promotionnelle et d'introduction à la physique : tout en vantant les recherches en cours, on en profite pour glisser quelques notions sur la physique des hautes énergies, le Top Quark – découvert à ce laboratoire, en 1995 et les accélérateurs de particules. L'effort côté visuel est louable, mais le contenu n'est pas à la portée du premier venu.

Physics Around the World (PAW)

http ://www.physics.mcgill.ca/physics-services/
- **excellent point de départ en physique**
- **classification agréable à suivre**
- **répertoire impressionnant**

Un autre impressionnant répertoire, très bien fait et réalisé à l'université McGill ; les ressources sont classées par catégorie (conférences, instituts, éducation, nouvelles, etc.). Réalise aussi l'exploit d'être agréable à l'œil. Mais la physique, elle...

Astronomie et astrophysique (CERN) *fr*

http ://www.w3.org/hypertext/DataSources/bySubject/astro/astro.html
- **répertoire imposant**
- **pas d'infos sur les sites**
- **visuellement rebutant**

Le plus complet des répertoires en astronomie, mais aussi l'un des plus arides. Les sources sont classées par thème, mais aucun site n'est présenté. Un point de départ obligé, mais il faut y mettre de la patience.

Astronomie : images et animations (Rennes) *fr*

http ://www.univ-rennes1.fr/ASTRO/astro.french.html
- **des images en abondance**
- **un contenu exceptionnel**
- **pour rêver sous les étoiles**

Des images de l'espace en quantité astronomique ! « Un gigaoctet », est-on fier d'annoncer. Pour tout savoir sur tous les phénomènes de l'univers. Avec des textes en français, un cadeau rare. Et des clips vidéo, un cadeau pesant...

Centre canadien des données astronomiques *fr*

http ://cadcwww.dao.nrc.ca/
- **contenu spécialisé mais captivant**
- **de nombreuses images**
- **orientation difficile pour les novices**

Le centre propose un fascinant catalogue des images du télescope Hubble. Pour ceux qui ont la patience d'y chercher à l'aveuglette... ou qui s'y connaissent en cartographie stellaire. Le site donne aussi accès à des revues spécialisées. Bilingue.

L'espace et les météorites

http ://132.212.200.11/Divers/Higgins/MIAC.html
- **vulgarisation scientifique**
- **navigation agréable**
- **contenu varié**

Voilà une fascinante introduction aux météorites, aux différents types de rochers tombés du ciel et à ce qu'on appelle, à tort, des étoiles filantes. Les illustrations sont nombreuses et on a même droit à un récit de l'impact de Saint-Robert, en juin 1994.

La NASA

http ://www.nasa.gov/
- **contenu abondant**
- **présentation attrayante**
- **souci de vulgarisation**

La page d'accueil de l'inévitable NASA – l'agence spatiale américaine – contient des montagnes d'informations sur une foule de sujets et des liens vers à peu près tout ce que la NASA possède comme archives photographiques de la Terre et du ciel.

Les neuf planètes

http ://www.seds.org/billa/tnp/
- **planètes, lunes et autres poussières**
- **les dernières découvertes**
- **photos récentes en quantité**

Il s'agit d'une très belle présentation des planètes de notre système solaire, de leur lune et du reste. Grâce à ses photos récentes et surtout ses textes de présentation remis à jour régulièrement, y compris sur les plus obscurs des astres de notre système solaire, ce site est la meilleure ressource du genre.

Mike Boschat's Astronomy Page

http ://www.atm.dal.ca/~andromed/
- **répertoire impressionnant**
- **par ordre alphabétique**
- **pas d'infos sur les sites**

Ce répertoire démentiel contient des montagnes de pages W3 sur l'astronomie, dans tous les pays et sur tous les sujets possibles. Seul défaut : tout est classé par ordre alphabétique. Si vous ne connaissez pas le nom du site, vous risquez de tâtonner longtemps.

Skylink

http://toy.ec-lille.fr/~astro

- **point de départ en français**
- **visuellement attrayant**
- **pour astronomes amateurs**

Ce rendez-vous des astronomes amateurs de France porte un titre anglais, bien sûr… On y trouve des liens vers les clubs d'astronomie, les fanzines, les logiciels, les dernières éclipses et quelques textes spécialisés. Mais qu'est-ce que c'est long à télécharger !

Aeronautics (Pitsco)

http://pitsco.inter.net/pitsco/pitsco/aeron.html

- **point de départ ou rampe de lancement**
- **très complet et bien classé**
- **mais toujours sans commentaires**

Aviation, astronomie et aéronautique ont toutes leur place ici, en long et en large. Comme tous les guides de Pitsco, c'est un excellent point de départ, très bien documenté et bien organisé. Mais les sites recensés ne sont pas décrits, ce qui rend la recherche plus difficile.

Astronomie : expositions et musées

http://aibn55.astro.uni-bonn.de :8000/~pbrosche/hist_sci/hs_mus.html

- **répertoire impressionnant**
- **aucune info sur les sites**
- **classification logique**

Il s'agit d'un carrefour impressionnant de musées et d'expositions scientifiques sur l'astronomie dont la présentation est nulle ; en revanche, la quantité de sites est… astronomique. Organisé dans la plus pure tradition prussienne : clair et bien ordonné. Calgary et Halifax y sont, mais Toronto et Montréal brillent par leur absence.

Les outils de l'explorateur scientifique

Québec Science : nos meilleures adresses

http://www.QuebecScience.qc.ca/carnet.html

- **point de départ en français**
- **régulièrement remise à jour**
- **navigation facile**

Un excellent point de départ pour l'amateur de sciences, cette liste est régulièrement mise à jour par le *webmaster* de *Québec-Science*, le journaliste Jean-Hugues Roy. La présentation est rudimentaire, mais la ressource est pratiquement unique en son genre, en français du moins.

SciEd : Education Resources
http ://www-hpcc.astro.washington.edu/scied/science.html
- **répertoires thématiques**
- **excellent point de départ**
- **navigation facile**

Cette série de répertoires thématiques concernant toutes les disciplines scientifiques, pas trop chargés mais contenant l'essentiel, fournit en prime une brève description de chacun des sites. Visuellement rudimentaire, mais très pratique.

ScienceWeb (Canada)
http ://scienceweb.dao.nrc.ca/findex.html
- **ressources canadiennes**
- **pas d'infos sur les sites recensés**
- **présentation terne mais efficace**

Répertoire des ressources canadiennes en sciences, de la vulgarisation à la recherche de pointe, ce site est réalisé par Industrie Canada et le CNRC. Il est presque entièrement en anglais – et les quelques pages qui font exception sont dans un français lamentable.

What's hot ? – Sciences
http ://www.exploratorium.edu/floor/Hotlist.html
- **sélection par thème**
- **pour le grand public**
- **pas toujours rapide, le serveur**

Annexe de l'Exploratorium, cette sélection des meilleurs sites scientifiques « grand public » permet de repérer rapidement ce qu'on cherche en astronomie, en biologie, en géologie ou en mathématiques. L'accès au serveur californien est parfois très lent.

Hands-on Science Centers
http ://www.cs.cmu.edu/~mwm/sci.html
- **répertoire international de musées**
- **bon point de départ**
- **critiques de certains musées**

L'intérêt de ce répertoire, en plus de sa richesse, c'est qu'il renvoie le plus souvent à des critiques des musées qu'il recense, critiques tirées du superbe magazine *Spectrum*, publié par l'Institute of Electrical and Electronics Engineers.

L'Exploratorium
http ://www.exploratorium.edu/
- **un beau musée à San Francisco**
- **information générale variée**
- **conçu pour les jeunes et les amateurs**

Site destiné aux amateurs de sciences et aux jeunes, l'Exploratorium de San Francisco offre un aperçu de ses collections, de l'information générale sur une foule de sujets et les dernières nouvelles-chocs de la recherche scientifique.

Web Portfolio (Discover)
http ://www.enews.com/magazines/discover/page3.html
- **navigation facile**
- **présentation attrayante**
- **un bon point de départ**

Une bien belle sélection des meilleures ressources du Net en sciences si l'on en croit la revue américaine *Discover*. Le tout est classé par thème et le repérage est facile pour le débutant. Comprend autant de ressources pour les érudits que pour les profanes.

19th Century Scientific American
http ://www.history.rochester.edu/Scientific_American/
- **la science d'il y a 100 ans**
- **idée originale**
- **instructif et léger**

Une curiosité historique : le contenu d'un magazine scientifique du milieu du XIXe siècle. Pour faire *tripper* les jeunes et les moins jeunes, le tout est accompagné d'une question-quiz sur « l'inventeur-mystère » du mois. Sympathique et amusant.

History of Science, Technology and Medicine
http ://www.asap.unimelb.edu.au/hstm/hstm_ove.htm
- **répertoire de ressources W3**
- **pas de description des sites**
- **navigation facile**

Uniquement consacré à l'histoire des sciences, ce site regorge de musées, d'expositions, d'articles et de conférences diverses sur le sujet. Les items sont classés par thème et par ordre alphabétique. Qui aurait cru que le Net pouvait se pencher à ce point sur le passé ?

Musée d'histoire des sciences (Oxford)

http://info.ox.ac.uk/departments/hooke/
- **information complète sur l'exposition**
- **images du catalogue**
- **contenu semi-spécialisé**

Le musée britannique offre le texte complet de l'exposition en cours et une grande variété d'images tirées de son catalogue, mais sans aucun commentaire. Le site inclut également le bulletin du musée. Pour se rincer l'œil. Du surf de grand luxe.

LES INNOVATIONS TECHNOLOGIQUES

Idea Futures : la bourse des idées

http://if.arc.ab.ca/~jamesm/IF/IF.shtml
- **des paris sur l'avenir**
- **idée originale**
- **mi-sérieux, mi-cabotin**

Des paris sur les questions scientifiques et sociopolitiques de l'heure. Joueur ou pas, consultez l'état actuel des cotes (*going odds*) pour vous faire rapidement une idée de ce que pense la communauté virtuelle à propos de telle ou telle innovation plus ou moins imminente.

National Science Foundation

http://www.nsf.gov/nsf/homepage/links.htm
- **contenu limité mais utile au chercheur**
- **présentation sans attrait**
- **exclusivement américain**

Ce répertoire des projets et des instituts subventionnés par la National Science Foundation se transforme, vu l'importance de la NSF, en un guide des principaux projets et instituts de recherche américains. Malgré une présentation nulle et l'absence de divisions thématiques, celui-ci peut se révéler utile.

21st (e-journal)

http://www.vxm.com/
- **publication dynamique**
- **articles de fond**
- **parfois lourd**

Ce mensuel électronique est consacré depuis 1995 aux nouvelles technologies et surtout à leur convergence, des ordinateurs à la musique, en passant par la génétique. Certaines des questions posées sont fascinantes, mais les articles ne sont pas toujours faciles à lire.

Media Lab
http ://www.media.mit.edu/MediaLab/Welcome.html
- **un laboratoire prestigieux**
- **le site est encore incomplet**
- **gageons sur l'avenir**

Les projets menés à ce laboratoire du MIT sont parmi les plus fascinants du monde, mais le site n'est pas encore à la hauteur : la brève présentation des recherches en cours laisse l'internaute sur son appétit. On peut toutefois parier sur le Media Lab pour nous offrir bientôt un site plus enchanteur.

SIRI : Service intgr d'information   *fr*
http ://www.citi.doc.ca/Citi-Mosaic/Citihome/SIRI/SIRI.html
- **intéressante revue de presse**
- **vitrine promotionnelle**
- **banque de données gratuite**

Une vitrine promotionnelle pour le SIRI, dont deux volets sont intéressants pour le grand public : une revue de presse des magazines spécialisés en information scientifique et en technologie de l'information, et une banque de données rassemblant les index de ces magazines.

Annexe

COMMENT INSTALLER LE CARNET D'ADRESSES ÉLECTRONIQUES SUR VOTRE ORDINATEUR ?

Attention : Le Furet 1.0 fonctionne de pair avec le navigateur **Netscape.** Celui-ci doit être installé sur votre ordinateur avant que vous puissiez utiliser Le Furet. Vous pouvez vous procurer sans frais une version d'évaluation de Netscape sur le site de la compagnie, à l'adresse http ://home.netscape.com

La disquette jointe au *Guide Iris Internet* est formatée pour les ordinateurs **PC (Windows)** mais peut être lue également par les ordinateurs **Macintosh** équipés du système 7.5 (ou plus récent). Si nécessaire, vous trouverez des instructions plus détaillées sur le site d'Iris Internet (http ://www.iris.ca/).

Pour les ordinateurs PC (Windows)

- copiez le fichier **Furet.exe** sur votre disque dur ;

- double-cliquez sur le fichier pour initier la décompression automatique ;

- vous obtiendrez un dossier intitulé **Furet**, contenant le fichier OUVREZ-MOI.

- Ouvrez simplement le fichier OUVREZ-MOI pour accéder au Furet. Si ceci ne fonctionne pas, lancez d'abord le logiciel Netscape et ouvrez ensuite ce fichier par la commande «Open file» de Netscape.

Pour les ordinateurs Macintosh

- copiez le fichier **Furet.sea** sur votre disque dur ;

- double-cliquez sur le fichier pour initier la décompression automatique ;

- vous obtiendrez un dossier intitulé **Furet** contenant le fichier OUVREZ-MOI.

- Ouvrez simplement le fichier OUVREZ-MOI pour accéder au Furet. Si ceci ne fonctionne pas, lancez d'abord le logiciel Netscape et ouvrez ensuite ce fichier par la commande «Open file» de Netscape.

COMMENT OBTENIR LE GESTIONNAIRE DE SIGNETS DU FURET 1.0 ?

Pour obtenir sans frais le gestionnaire de signets du Furet, vous devez faire parvenir un **message électronique** à **gestionnaire@iris.ca** avec les informations suivantes :

- votre nom

- votre adresse électronique

- le numéro de série du Furet 1.0
  (ce numéro figure sur l'étiquette de la disquette jointe)

Vos commentaires et suggestions sont aussi les bienvenus !

Index alphabétique des sites